NOTES

SUR

SIX VOYAGES DE LOUIS XI

A ROUEN,

PAR

M. Ch. DE BEAUREPAIRE,

Archiviste départemental et Membre de l'Académie des Sciences,
Belles-Lettres et Arts de Rouen.

ROUEN,

IMPRIMERIE DE ALFRED PÉRON,

Rue de la Vicomté, 55.

1887.

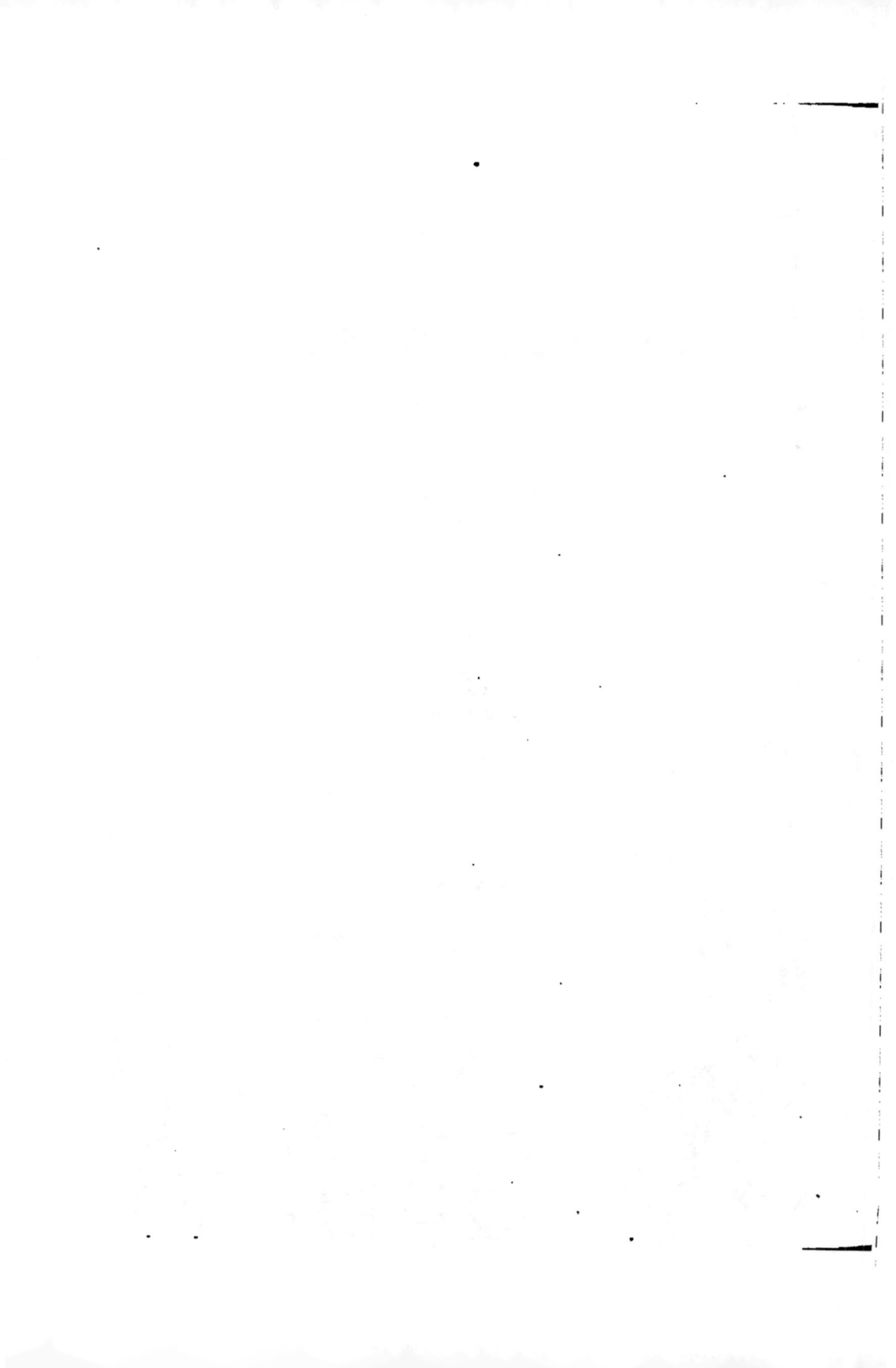

NOTES

SUR

SIX VOYAGES DE LOUIS XI

A ROUEN,

PAR

M. Ch. DE BEAUREPAIRE.

———

Dans les six premières années du règne de Louis XI, la ville de Rouen reçut la visite de plusieurs personnages qui jouèrent un rôle considérable dans les affaires de leur temps. Ce furent, au mois de décembre 1461, le comte de Charolais, récemment nommé lieutenant-général de Normandie (1); le 13 juillet 1462, l'héroïne de la sanglante guerre des Deux-Roses, Marguerite d'Anjou, femme d'Henri VI (2); le 8 août 1464, Yolande, princesse de Piémont, sœur du Roi, pour laquelle Charles-le-Témé-

---

(1) Sa nomination est du mois d'octobre 1461. — Sur le séjour du comte de Charolais à Rouen, V. l'*Histoire des règnes de Charles VII et de Louis XI*, de Thomas Basin, édition de M. J. Quicherat, t. II, p. 69; la *Chronique des ducs de Bourgogne*, de Georges Chastellain, édition de M. Buchon, p. 187; les *Pièces justificatives* publiées à la suite de ce Mémoire, n° I.

(2) *Pièces justificatives*, n° II.

raire devait plus tard entreprendre cette guerre contre les
Suisses, qui lui fut si fatale ; le 22 septembre de la même
année, Louis II, duc de Savoie, beau-père de Louis XI (1) ;
la nuit du 27 au 28 septembre 1465, le duc de Bourbon,
un des principaux conjurés de la *Ligue du Bien public* (2) ;
le 25 octobre 1465, Charles, duc de Berry, qui venait
d'obtenir, pour sa part de la proie que se partagèrent les
princes, la Normandie en apanage (3) ; le 29 décembre
1466, le comte de Saint-Pol, connétable de France et
capitaine de Rouen, dont on connaît la fin tragique (4) ;
au mois de mai 1467, le comte de Warwich, ce *faiseur
de rois*, comme on l'appelait, qui, dès lors, commençait
à trouver pesante l'autorité du maître qu'il s'était donné.
Louis XI, lui-même, paraît cinq fois à Rouen dans cet
intervalle de temps. Nous l'y voyons en 1462, au mois de
juillet, au mois de novembre 1464, en 1465, en 1467.
Il devait y revenir huit années après, en 1475. C'est
de Louis XI qu'il sera principalement question dans ce
Mémoire. Nous essaierons de déterminer à chacun des
voyages que nous venons de mentionner, la durée de
son séjour à Rouen ; nous rechercherons les motifs qui
l'y conduisirent, et retracerons les faits qui marquèrent
son passage. Avec un homme du caractère de Louis XI,
une semblable étude ne saurait être complètement stérile.
On accordera sans peine que l'itinéraire de ses tournées
dans son royaume ne dut jamais être abandonné au
hasard, pour peu qu'on réfléchisse aux circonstances au
milieu desquelles il régna, à son infatigable activité qu'ex-
citaient sans relâche l'ambition et la défiance.

---

(1) *Pièces justificatives*, n° V.
(2) Thomas Basin, t. II, p. 128.
(3) *Pièces justificatives*, n° VI.
(4) *Ibidem*, n° VII.

La première entrée de ce prince à Rouen, en qualité de souverain, eut lieu au mois d'août 1462. Le *Recueil des Ordonnances des Rois de France* contient un certain nombre de lettres-patentes datées de Rouen à cette époque. Quatre portent la date des 6, 10, 12 du mois d'août (1); la première de ces dates nous paraît erronée; il faut vraisemblablement lire *seizième* au lieu de *sixième*. Une délibération du Chapitre de la Cathédrale prouve, en effet, que le Roi n'arriva à Rouen que le 10.

La réception fut solennelle, comme on devait l'attendre, dit Chastellain, de telle ville et de tel peuple (2). L'année précédente, quand Louis était parti de Tours pour visiter les frontières de ses Etats, on l'avait vu cheminer avec cinq compagnons de route pour tout cortège, habillé comme eux de gros drap gris, en manière de pèlerin, et portant, suspendue au cou, une patenôtre de bois grossièrement taillée (3). Il avait parcouru, sous cet accoutrement étrange, les provinces du midi de la France, non pas en monarque soucieux des hommages de ses sujets, mais en inspecteur ombrageux, et qui entendait n'être point troublé dans ses enquêtes mystérieuses. Au bout de plusieurs mois d'attente (4), quand il se décida à venir dans

---

(1) *Ordonn. des rois de France*, t. XV

(2) « Or vint le jour douziesme d'aoust que le Roy devoit entrer en Rouan, et de fait y entra bien solempnellement reçeu, comme à ymaginer fait, d'une telle ville et de tel peuple. » Chastellain, p. 220. — Ce chroniqueur, comme on le voit, recule de deux jours l'arrivée de Louis XI à Rouen.

(3) Chastellain, p. 189.

(4) « Le Roy pour ce temps se tenoit quoy en Normandie, mais encore n'avoit faict son entrée à Rouen. » Chastellain, p. 202. On attendait Louis XI à Rouen, en même temps que la reine d'Angleterre. Voyez *Arch. de la Seine-Inf.*, reg. capitul., délibération du 12 juillet 1462.

la capitale de la Normandie, il y mit plus de ceremonie. Il parut escorté de princes et de barons. Mais ce qui toucha surtout les Rouennais, ce fut de voir à ses côtés le sénéchal messire Pierre de Brézé, un des capitaines les plus distingués de l'époque, un de ceux qui avaient le plus loyalement servi Charles VII dans cette campagne glorieuse qui avait rendu la Normandie à la France. La présence de ce personnage, à cette place d'honneur et dans une telle circonstance, fut pour tous un sujet de joie et d'étonnement. Qui eût pu s'attendre à voir Brézé à la tête du cortège et presque le héros de la fête, lui qui, peu de temps auparavant, avait été dépouillé de sa charge, banni du royaume, contraint à se cacher comme un criminel, et, plus tard, quand, de son propre mouvement, il se fut livré aux mains du Roi, enfermé dans une étroite prison du château de Loches ! De motifs à une persécution aussi violente, on n'en devait pas chercher d'autres que les services signalés qu'il avait rendus, et la haute faveur dont il avait joui sous le dernier règne. Ces motifs étaient loin de justifier Louis XI dans l'opinion publique, généralement favorable à Charles VII ; encore moins pouvaient-ils satisfaire les Rouennais sincèrement attachés au sénéchal. « *Homme tant aymé*, nous dit le chroniqueur déjà cité, *ne se trouva en ville ne en marche, comme cestui en Rouen, tant y avoit noblement vescu, et mieulx valué de ly et de sa gouvernance* (1). » Cet éloge qu'inspira l'amitié ne paraît point cependant entaché d'exagération. On peut juger, par l'influence qu'exerça plus tard la veuve de Brézé (2),

---

(1) Chastellain, p. 202. V. dans ce chroniqueur, sur Brézé, les pages 183, 184, 220, etc.

(2) Jeanne Crespin, sœur d'Antoine Crespin, archevêque de Narbonne. Anselme, *Dictionn. généal.*, t. VI, p. 635.

jusqu'a quel point son mari avait su se concilier la sympathie des Rouennais. Un homme qui sait se faire aimer de cette sorte, et qui laisse un si profond souvenir, ne saurait être rangé parmi les gens médiocres; et de fait, nous savons qu'aux avantages que donnent un nom illustre, une haute position, une fortune considérable, Brézé joignait le talent militaire, une bravoure à toute épreuve, une éloquence naturel, et cet esprit ouvert et fécond en vives saillies qui va bien au peuple (1).

Si la réception du Roi à Rouen répondit à la dignité du visiteur et au rang de la cité, il est probable pourtant qu'elle ne présenta rien d'extraordinaire, qu'elle ne fut point, notamment, accompagnée de représentations théâtrales dans le genre de celles qui avaient fait, l'année précédente, l'admiration des bourgeois de Paris, et qu'on devait voir à Rouen en 1484, à la joyeuse entrée de Charles VIII. Les conseillers de la ville savaient, et peut-être le leur avait-on rappelé, que Louis XI avait peu de goût pour la pompe et l'ostentation; que c'était un monarque positif, dans toute la force et la vulgarité du terme, préférant à l'éclat de vaines fêtes, le solide, l'argent, qui devint entre ses mains un si puissant moyen d'influence (2). Ils se conformèrent à ses désirs sinon à une volonté clairement exprimée, et, au lieu de se mettre en frais de réjouissances publiques, ils lui offrirent 200 marcs de vaisselle d'argent, « *qu'il prinst très agrea-blement, en remerciant ceulx qui de par la communaulté luy*

---

(1) « Coustumier de beau parler mieulx que homme de France en estat de chevalier. » Chastellain, p. 226. Cf. pages 337, 339. « Et le dit en gaudissant, car ainsi estoit-il accoustumé de parler. » Commynes, édition de Mlle Dupont, t. 1, p. 30.

(2) Chastellain, p. 189, 219, 220, 221. *Mémoires* de Du Clercq, édition de M. Buchon, p. 224. Commynes, *passim*.

fecrent cette promesse. » De plus, ils présentèrent de riches cadeaux à deux hommes qui jouissaient alors de toute sa faveur; Jean Guaste de Montespedon, chambellan du Roi, son bailli de Rouen et *très prouchain* dudit seigneur, reçut six hanaps et une aiguière d'argent. On donna au chancelier Pierre de Morvilliers douze tasses d'argent du poids de 25 marcs (1).

Dès le lendemain de son entrée. Louis se rendit à la Cathédrale, précédé de tout le clergé de la ville. Le doyen, Nicolas du Bosc, l'attendait à la grande porte de la basilique, et lui présenta, suivant le cérémonial d'usage, l'eau bénite, l'Evangile et l'encens. Nous passons les détails de cette réception qui, du reste, ressembla à toutes les autres. Nous ne pouvons cependant nous dispenser de faire observer que la dévotion du Roi fut remarquée, et que, par une flatterie d'un genre assez singulier, les chanoines et les chapelains de la Cathédrale avaient pris soin de se revêtir d'ornements rouges et blancs (2). C'étaient les couleurs que Louis XI avait adoptées pour sa livrée. A Avesnes en Hainaut, le jour même du service qu'il avait fait célébrer pour Charles VII, on l'avait vu s'empresser d'abandonner les insignes d'un deuil qui n'était point dans son cœur, et paraître au milieu de ses courtisans encore indécis sur la figure qu'ils devaient prendre, vêtu d'un habit mi-parti blanc et rouge, et coiffé d'un chapeau des mêmes cou-

---

1 *Arch. de l'Hôtel-de-Ville de Rouen*, reg. A 8, f° 204. Délibération du mois d'août 1462. Elle a été publiée, ainsi que les délibérations relatives à la réception du comte de Charolais et de Marguerite d'Anjou, par M. Ch. Richard, dans ses *Recherches historiques sur Rouen; Episodes relatifs à la vie privée et publique et à l'histoire politique, administrative et militaire de la ville de Rouen aux XIV° et XV° siècles.* V. la *Revue de Rouen* de 1845.

(2) *Pièces justificatives*, n° IV.

leurs (1). Thomas Basin, qui avait été témoin de cette transformation subite, et qui nous semble l'avoir interprétée d'une façon trop malicieuse, avait pu le conter aux chanoines de Rouen, ses anciens confrères.

Le 15 août, jour de l'Assomption, le Roi retourna à la Cathédrale où il entendit la messe dans la chapelle de la Vierge, derrière le chœur. A la fin de l'office, il déposa sur l'autel une offrande de 40 écus. Il sortait de l'église, quand un messager vint lui apporter la nouvelle d'une victoire. Le secrétaire du Chapitre, qui mentionne ce détail dans le livre des *Délibérations*, n'indique pas quelle fut cette victoire; le nom est resté en blanc, mais il est clair qu'il ne peut s'agir que de quelque fait d'armes des troupes françaises en Espagne, où elles étaient passées pour porter secours à Jean II, roi d'Aragon, contre les Catalans révoltés. D'après l'ordre du Roi, un *Te Deum* et une messe solennelle d'actions de grâce furent chantés à Notre-Dame, le lendemain dimanche avant la grand'messe. Ce jour-là, Louis XI vint entendre la messe à la Cathédrale, et, cette fois encore, dans la chapelle de l'abside, pour laquelle, ainsi que ses visites et ses offrandes le témoignent, il avait une affection toute particulière (2).

Louis était encore à Rouen le 19 août (3), mais bien près de son départ, puisque nous le voyons à Bayeux le 26 du même mois, et que, dans l'intervalle, il avait trouvé le temps de se rendre en pèlerinage au Mont-Saint-Michel (4).

Si maintenant nous vous demandons le motif de son

---

(1) Thomas Basin, t. II, p. 7.

(2) *Pièces justificatives*, n° IV.

(3) Lettres-patentes données à Rouen, à cette date. *Arch. de l'Hôtel-de-Ville de Rouen.*

(4) Lettres-patentes datées de Bayeux, 24 août, et du Mont-Saint-Michel, au mois d'août. *Ordonn. des rois de France*, t. XV.

voyage à Rouen en 1462, nous le trouverons dans les projets que ce prince méditait alors contre l'Angleterre. Le récit des faits le fera assez comprendre.

Après la sanglante bataille de Towton, qui semblait avoir anéanti toutes les forces du parti des Lancastres, Marguerite d'Anjou était allée demander à l'Ecosse un asile pour son mari presque insensé, pour son fils encore enfant. Les malheurs extraordinaires, la constance admirable de cette reine, sa proche parente, avaient touché Charles VII. A l'exemple des rois d'Ecosse et de Danemarck, il avait manifesté ses sympathies pour la cause du roi déchu. Malheureusement la mort le surprit avant qu'il eût pu songer à réaliser ses bons desseins (1). L'arrestation momentanée, il est vrai, de Sommerset, fit craindre que Louis XI ne se crut pas lié par les sympathies et la politique de son père. Mais bientôt le mauvais accueil fait au seigneur de la Barde, ambassadeur de France à Londres, changea les dispositions du Roi, et le porta à prendre parti pour la reine Marguerite (2). Quand elle vint, escortée de quelques amis fidèles, le trouver à Tours, elle fut reçue avec les honneurs dus à son rang et à sa naissance. Elle conclut avec lui, le 28 juin, un traité aux termes duquel Louis XI devait lui fournir quelques troupes ; de plus, il lui prêta 20,000 livres, à condition que la ville de Calais serait remise, à titre de gage, aux mains de la France (3).

Dans cette alliance, comme dans celle qu'il avait conclue avec le roi d'Aragon, ce que Louis recherchait uniquement, c'était son intérêt, l'accroissement de ses États. Il lui importait assez peu que les Lancastres, dont le

(1) Thomas Basin, t. II, p. 47.
2 Chastellain, p. 200.
Thomas Basin, t. II, p. 42.

royaume avait eu si longtemps et si cruellement a souffrir, reprissent le dessus sur la maison d'York ; mais c'eût été le chef-d'œuvre de sa politique, de pouvoir, sous prétexte de secourir Marguerite, chasser les Anglais de Calais et effacer la dernière trace de la domination étrangère dans notre pays. Ce fut le but qu'il s'efforça d'atteindre. Pour cela, malheureusement, il ne pouvait se passer du concours du duc de Bourgogne. Tout d'abord, il ne désespéra pas de le gagner à sa cause. A cet effet, il envoya à Bruxelles un ambassadeur, le seigneur de Nantouillet, avec mission de confier son projet au duc de Bourgogne, et de le prier de trouver bon que le comte de Charolais fût mis à la tête de l'armée d'expédition. On lui demandait aussi de permettre au Roi d'emprunter des vaisseaux en Hollande et en Zélande, et de faire marcher les troupes à travers la Picardie et le Boulonnois. La mission ne fut pas heureuse. Philippe-le-Bon refusa de se rendre aux desirs du Roi en alléguant les trèves conclues entre la Bourgogne et l'Angleterre, et l'intérêt manifeste de ses sujets. Il chargea le seigneur de Croy d'aller présenter ses excuses à Louis XI, alors à Rouen ; mais celui-ci, qui n'ignorait pas que ses propositions n'avaient point été agréées, fit sentir son dépit à l'ambassadeur en refusant de lui donner audience avant son retour du pèlerinage du Mont-Saint-Michel. Enfin, à Bayeux, il fallut recevoir les explications et comprendre qu'il n'y avait rien à espérer du duc de Bourgogne. Dans les circonstances où il se trouvait, Louis XI craignit de se mettre sur les bras deux puissants ennemis à la fois ; il jugea prudent de renoncer pour le moment à son projet (1).

---

(1) Chastellain, p. 200, 220. « Atant cessa la rigueur ; et ne sortit à nul effect ce de quoy avoit esté bruyt, et s'avisa le Roy de sur-céder la chose et déployer ses gens d'armes en aultre affaire ailleurs. »

Pendant que cette affaire se traitait, Marguerite était venue en Normandie s'occuper des préparatifs de son expédition pour l'Angleterre.

Le 11 juillet, les chanoines de Rouen avaient reçu une lettre ainsi conçue :

« De par le Roy.

« Chiers et bien amés, notre très chière et amée cousine, la royne d'Angleterre, s'en va par delà pour aucunes ses besoingnes et affaires, et a entencion de passer par notre ville de Roen et ailleurs en notre païs et duchié de Normendie, ainsi que ses dictes affaires le requerront. Si veuillés, pour l'onneur de nous, la recueuillir et recevoir en telx honneur, bonne chière et révérence que feriés notre très chière et très amée compaigne la Royne, de quoy vous sçaurons très bon gré et le réputerons à nous estre fait. Donné à Mellay, le huitième jour de juillet. Signé : LOYS, et plus bas : DELALOÈRE (1). »

Deux jours après, le 13 juillet, Marguerite faisait son entrée a Rouen, accompagnée de Sommerset et de l'archevêque de Narbonne, Antoine du Bec-Crespin (2). Elle fut reçue avec beaucoup d'honneur. Les gens du Roi, une députation des Vingt-Quatre du Conseil de la ville, dix hommes notables de chaque quartier allèrent à cheval au devant

---

(1) Cette lettre a été publiée par M. Fallue, dans son *Histoire de la cathédrale de Rouen*. — Mellay est une localité voisine de Chartres.

(2) Antoine Crespin, évêque et duc de Laon, nommé évêque de Laon le 3 mars 1449, succéda à son frère aîné Jean Crespin, seigneur de Mauny, du Bec-Crespin et de Cramesnil, mort sans enfants, fut transféré à l'archevêché de Narbonne en 1460, mourut le 15 octobre 1472, et fut enterré aux Jacobins de Rouen. — Anselme, *Dictionn. général*, t. II, p. 112.

d'elle. Ils la rencontrèrent entre Grammont et Sotteville. Gauvain Mauviel, lieutenant-général du bailli, au nom de la ville, lui adressa la parole, sans descendre de cheval. L'archevêque de Narbonne répondit pour Marguerite.

Après la réception, la Reine alla loger chez Regnault de Villeneuve, avocat, à l'hôtel du Lion-d'Or, en face de Notre-Dame-de-la-Ronde (1). Le comte de Charolais y était descendu l'année précédente. L'hôtel du Lion-d'Or, auquel se rattachent ces deux souvenirs historiques, ne peut être que l'hôtel connu aujourd'hui sous le nom de Détancourt. Il conserve encore actuellement quelques marques de son ancienne splendeur.

Ce n'était point, on le comprend, pour recueillir de stériles hommages que Marguerite s'était rendue à Rouen. Elle y était venue, selon toute vraisemblance, pour s'entendre avec Brézé sur l'expédition qu'elle projetait. Aussi voyons-nous qu'elle s'était fait accompagner du beau-frère de Brézé, l'archevêque de Narbonne.

Alors Rouen n'était pas seulement, comme de nos jours, un port commerçant; c'était aussi un port de guerre. Bien que son *Clos des galées* n'eût plus la célébrité dont il avait joui un siècle auparavant, le Roi y avait encore des vaisseaux et vraisemblablement des armements assez considérables. Il est probable que le sénéchal y possédait lui-même quelques galères de guerre. Nous voyons en effet dans les Délibérations de l'hôtel-de-ville de Rouen, sous la date du 14 février 1460, que les conseillers avaient prêté, à un nommé Audry Sac, pour l'équipement de deux galères ap-

_____

(1) *Pièces justificatives*, n° II. — Regnault de Villeneuve est cité avec le titre d'avocat du Roi, en la vicomté de Rouen, dans le *Registre manuel de l'Echiquier de Normandie*, de l'année 1463, p. 12. Aux *arch. du Palais-de-Justice de Rouen*.

partenaut à Pierre de Brézé , *deux arbalestres d'achier , deux engins et deux cens de viretons ou traict* (1).

Le choix que Louis XI fit de Brézé pour l'expédition d'Angleterre s'explique tout naturellement sans qu'il soit nécessaire d'admettre les suppositions malveillantes de quelques auteurs. « Brézé était *celui de France*, suivant la remarque de Chastellain , *qui connût le mieux les Anglais , et sût le mieux les manier.* » On n'avait point oublié que , sous Charles VII , il avait été chargé d'une mission pareille et s'en était tiré à son honneur. De plus il faut noter qu'il avait été le vassal et l'ami de René , duc d'Anjou , le père de Marguerite , et qu'à ce double titre elle avait en lui une entière confiance (2 .

Malgré cela , on était si prévenu contre le Roi , qu'on le soupçonna d'avoir voulu , en envoyant Brézé en Angleterre , se défaire de lui , comme il avait voulu , disait-on , se défaire du comte de Dunois , en l'envoyant à Gênes (3). Ce qui sembla prêter quelque fondement à cette accusation outrageante , ce furent les secours mesquins accordés à Marguerite. Mais , à considérer la chose avec impartialité , il est évident qu'on ne peut rien induire de ce fait , si ce n'est que Louis XI n'attachait point une extrême importance au succès de son alliée; l'on comprend d'ailleurs qu'il fût intéressé à ménager ses troupes pour le siége de Calais et pour l'expédition d'Espagne.

Il reçut à Bayeux , vers la fin du mois d'août , les expli-

---

(1) *Pièces justificatives*, n° III. — Audry Sac appartenait à la haute bourgeoisie de Rouen vers le milieu du XV° siècle ; il avait épousé Maline , veuve de Michel Durand , d'abord vicomte de Rouen , ensuite receveur général de Normandie. Voy. *Reg. du Tabell. de Rouen* , acte du 2 juin 1440.

(2) Chastellain , p. 201.

(3) Thomas Basin , t II , p. 49, 50. Chastellain , p. 201.

cations du seigneur de Croy, qui eurent pour résultat de lui faire remettre à un autre temps l'exécution de ses projets sur Calais. Quelques jours auparavant, étant à Rouen, il avait donné à Brézé l'ordre de partir pour l'Angleterre (1).

Brézé se montra digne de la confiance de Marguerite. Louis XI avait accordé à cette princesse infortunée un secours de 20,000 écus, à une condition qui écarte toute idée de bienfait. Brézé dépensa pour elle plus de 50,000 écus. L'expédition eut une issue funeste ; mais, parmi ceux qui s'en affligèrent le plus, aucun ne put reprocher au protecteur de Marguerite d'avoir manqué de courage ou d'habileté. « *Il se thira hors le plus notable chevalier et le plus honoré qui oncques mist pied en terre estrange* (2). »

Louis XI, que nous venons de voir, en 1462, se déclarer l'allié de la reine d'Angleterre, l'avait bien oubliée en 1464 ; son intérêt lui inspirait une politique différente. Il cherchait alors à traiter avec Edouard IV, afin de pouvoir, une fois tranquille de ce côté, travailler à affranchir l'autorité royale des entraves que des vassaux trop puissants ne cessaient d'apporter à son action. On l'avait entendu dire que, « *s'il pooit avoir repos avec les Anglois, il mettroit en subjection et en rabaissement les deux cornes du royaulme les plus roydes* (3). » Il entendait parler des maisons de Bourgogne et de Bretagne. Pour parvenir à cette paix qu'il lui fallait à tout prix, qu'il désirait avec une ardeur malheureusement trop peu dissimulée, il fondait beaucoup d'espoir sur une conférence qui devait avoir lieu entre lui-même en per-

---

(1) Thomas Basin, t. II, p. 50. Note de l'éditeur.
(2) Chastellain, p. 201, 222, 223 et suiv.
(3) Chastellain, p 303

sonne et les ambassadeurs d'Edouard à Hesdin, dans les
Etats et en présence d'un allié commun, le duc de Bourgogne.
Cette conférence avait été fixée au 15 juillet 1464 ; Warwich, honoré et craint alors à l'égal d'un souverain, avait
pris l'engagement de s'y trouver. Louis XI n'eut garde de
se faire attendre ; mais, au lieu du puissant comte, on ne
vit paraître que messire Jean Wenlok, grand bouteiller
d'Angleterre, et le capitaine de Guines. Ils n'étaient munis
d'aucuns pouvoirs ; l'unique but de leur mission était de
faire agréer au Roi les excuses de leur maître, auquel de
sérieux embarras ne permettaient pas, pour l'heure, d'entendre à une affaire de cette importance, et de le prier de
consentir à ce que l'entrevue fût remise au mois d'octobre
suivant. Ce retard était loin de faire l'affaire de Louis XI ;
toutefois, il sut en prendre son parti en homme habile ; il
n'en fut pas moins d'une bienveillance extrême à l'égard
des deux ambassadeurs ; il les emmena à Dampierre, où se
trouvait la Reine avec ses deux sœurs, les filles du duc de
Savoie. Il leur fit fête, et trouva moyen de leur insinuer
qu'il saurait reconnaître comme il le faudrait le service
qu'ils lui rendraient en s'employant à faciliter la conclusion
de la paix entre les deux royaumes. Retournant ensuite à
Hesdin auprès du duc de Bourgogne, il le pria de ne point
s'écarter jusqu'à l'époque de la conférence. Le duc de Bourgogne le promit au Roi, et, par l'effet, nous voyons qu'il
demeura à Hesdin jusqu'au terme fixé. Vers ce temps-là,
on vint annoncer à Louis XI que des vaisseaux anglais
rôdaient le long des côtes, et qu'on avait sujet de craindre
une descente en Normandie (1). Cette nouvelle le décida à
se rendre à Dieppe, et de Dieppe à Rouen. Il arriva dans

---

(1) *Sur le voyage de Louis XI à Hesdin*, V. la *Chronique scandaleuse*, et surtout Chastellain, p. 311, 312, 313.

cette dernière ville le 23 juillet 1464 ; ce jour-là même, il se rendit à la Cathédrale. Le lendemain, le doyen vint le saluer au nom du Chapitre et lui recommander l'église (1).

Le Roi fit un court séjour à Rouen. Le 30 juillet (2), au plus tard, il était à Mauny, au logis de Pierre de Brézé, comte de Maulévrier. Il y resta l'espace d'un mois (3), séduit sans doute par l'hospitalité qu'il y reçut, et peut-être aussi par le voisinage de la forêt, qui lui permettait de se livrer à son goût passionné pour la chasse. La Reine ne l'avait point accompagné jusque-là : il l'avait laissée à Neufchâtel, et devait l'y reprendre à son retour en Picardie. Pour retenir le duc de Bourgogne à Hesdin et l'amuser en attendant le jour de la conférence, Louis XI lui envoya la Reine avec les princesses ses sœurs, dont il eût bien voulu marier l'une ou l'autre au roi d'Angleterre. La princesse de Piémont fut aussi du voyage ; plus tard, ce fut le tour du roi de Chypre, et, peu de jours après, celui du duc de Savoie (4). La princesse de Piémont passa par Rouen le 8 août ; sur sa demande, tous les prisonniers criminels renfermés dans les prisons du Roi furent élargis. Les conseillers de la ville lui firent la même gracieuseté qu'ils avaient faite, quelques années auparavant, au comte de Charolais (5), et dont celui-ci, au dire de Chastellain, leur fut reconnaissant toute sa vie ; ils lui offrirent *deux draps de Rouen, un drap d'écarlate et un drap gris, des meilleurs et des plus fins qu'ils purent trouver.* Ces pré-

---

(1) *Arch. de la Seine-Inf.*, reg. capitul.

(2) *Ordonn. des rois de France*, t. XVI.

(3) Chastellain, p. 313.

(4) Idem, p. 313, 314, 317, 318, 319.

(5) « Lui donnèrent une escarlatte moult belle et ung gris le plus fin des aultres sans les vins et autres gratuités qui estoient de grand coust. » Chastellain, p. 187.

sents sont curieux à noter pour l'histoire du commerce de notre ville (1); à défaut d'autres preuves qu'il serait aisé de fournir, ils font connaître en quelle haute estime la draperie de Rouen était pour lors. Le 22 septembre, le duc de Savoie vint à Rouen; les conseillers le reçurent avec moins de façon; ils se contentèrent de lui offrir une *queue de vin de Beaune* (2).

Au milieu des fêtes qu'il donnait à ses hôtes, avec une magnificence vraiment royale, le duc de Bourgogne n'était pas sans de graves préoccupations, sans de vives inquiétudes. Le duc de Bretagne, alarmé des mauvaises dispositions du Roi à son égard, avait envoyé en Angleterre son vice-chancelier, le seigneur de Rouville, avec mission d'exposer ses plaintes et de s'assurer les sympathies et la protection d'Edouard IV. Quelques précautions que François II eût prises pour tenir ces démarches secrètes, le bruit en vint à l'oreille de Louis XI. Il en ressentit le plus violent dépit. Ce fut bien pis quand il apprit que l'ambassadeur breton, non content de ses intrigues en Angleterre, était allé en nouer d'autres avec le comte de Charolais; alors, n'y tenant plus, il chargea le bâtard de Rubempré d'aller à Gorkum surveiller Rouville. Peut-être aussi la mission de Rubempré ne se bornait-elle pas à un simple rôle d'espion. Malheureusement, l'aventurier fut découvert; on mit la main sur lui. Le comte de Charolais s'alarma ou feignit de s'alarmer; il cria à la trahison, et accusa ouvertement Louis XI d'avoir voulu attenter à sa liberté et à sa vie. Tout cela donnait fort à penser à Philippe-le-Bon. Le Roi ne se trouvait pas moins embarrassé; il se voyait menacé d'une guerre intérieure, et, dans ce

(1) *Pièces justificatives*, n° v.
(2) *Ibidem*.

temps-là même, peut-être par suite des manœuvres de Rouville, l'espérance de traiter avec l'Angleterre lui échappait. Le jour de la conférence arrivé, aucun ambassadeur ne parut. A ce mécompte s'en vint joindre un autre qui lui fut encore plus sensible, ce fut le départ précipité du duc de Bourgogne pour Saint-Pol, au moment même où le Roi lui annonçait qu'il se disposait à l'aller voir à Hesdin. Dans de semblables conjonctures, Louis XI n'avait plus rien à faire en Picardie. Il quitta donc presqu'immédiatement Abbeville (1), et se dirigea du côté de Rouen, où il arriva le 13 octobre. Il y prolongea son séjour jusqu'au 6 ou 7 du mois suivant. Dans cet intervalle, il visita cinq fois la Cathédrale, et toujours le samedi, si ce n'est la veille de son départ. A chaque visite, il déposa sur l'autel une offrande de 13 écus. Il donna aux chanoines une nouvelle preuve de son zèle pour le culte divin en leur annonçant son intention de fonder dans leur église une chapelle en l'honneur de saint Pierre (2).

Notons encore que, le 25 octobre 1464, le Roi donna aux Rouennais une preuve nouvelle de sa bienveillance à leur égard, en confirmant de nouveau cette Charte aux Normands qui leur était si chère, et qu'il avait déjà confirmée le 4 janvier 1462 (3).

Pendant qu'il était à Rouen, Louis XI reçut la visite de Robert Nevill, cousin et secrétaire du comte de Warwich. Ce Robert Nevill rend compte des résultats de ses informations

(1) Chastellain, p. 335-339.

(2) Les lettres du Roi pour cette fondation sont datées de Rouen, au mois d'août 146. *Arch. de la Seine-Inf.*, F. du Chapitre.

(3) *Des histoires provinciales, et spécialement de l'histoire de Normandie*, article de M. Chéruel, dans la *Revue des Sociétés savantes*, t. II, p. 7.

2

dans une lettre fort curieuse qu'il adressa à Warwich, à la date du 17 novembre 1464. Elle a été publiée par Mlle Dupont, à la suite de sa belle édition des *Mémoires de Commynes* (1). Nous ne pouvons nous dispenser d'en dire quelques mots : « *J'ai été à Rouen, écrit-il, devers le roy Loys, et lui ay presenté les lettres, et m'a fait très grant chière, et ayme cordialement monseigneur.* » A la fin de sa lettre, il revient sur cet accueil : « *Le roy Loys, dit-il encore, m'a fait très grant chière pour honneur de monseigneur, et m'a fait des biens largement.* » Charmé par cette hospitalité cordiale et généreuse que Louis XI savait pratiquer avec tant d'art, dès qu'il y trouvait son compte (2), il s'était oublié à Rouen auprès du Roi, et lorsqu'enfin il lui avait fallu prendre congé de lui, il avait emporté de sa personne et de sa politique une idée extrêmement favorable, que n'effacèrent pas les prévenances et les amabilités dont il fut l'objet à la cour du duc de Bourgogne. Il n'y avait pas jusqu'à Tristan-l'Hermite qu'il n'admirât; ce docile agent d'un despotisme sans merci, ce *chastie-fol du Roy*, comme il l'appelle, qui ne nous inspire qu'un sentiment de répulsion, lui avait paru *le plus diligent et le plus vif esprit et le plus fin du royaulme. Il fût allé, dit-il, et venu en deux jours et demi de Rouen à Monstereuil.* » Dans la même lettre, Nevill engage son cousin à n'ajouter aucune foi à ce que Rouville était allé rapporter en Angleterre. Le duc de Bretagne était à la discrétion du Roi. *Pierre de Brézé, gentil chevalier, fort amé et craint en Nor-*

---

(1) *Des histoires provinciales, et spécialement de l'histoire de Normandie,* article de M. Chéruel, dans la *Revue des Sociétés savantes,* t. II, p. 211.

(2) *Chronique scandaleuse.* — Commynes, édition de Mlle Dupont, t. II, p. 166.

mandie, se faisoit fort de l'amener au Roy par le poing dès qu'il le faudrait. Quant à l'affaire de Gorkum, c'était, suivant lui, une autre duperie, à en juger par les explications que les ambassadeurs de France avaient données à Philippe de Bourgogne, en présence même de son fils, le comte de Charolais.

Le quatrième voyage de Louis XI à Rouen nous reporte au mois d'août 1465, peu de temps après la bataille de Montlhéry. Pendant que les rebelles, surpris de leur victoire, perdaient leur temps à Étampes, et ne savaient à quoi se résoudre, le Roi mettait à profit tous les instants, et déployait la plus grande activité. Le 10, il quitta Paris, après en avoir confié la défense à des troupes composées de Normands en majeure partie, et s'achemina du côté de Rouen (1). Le 14, au plus tard, il était dans cette ville; le lendemain, jour de l'Assomption, il vint à la Cathédrale entendre la messe et les vêpres dans la chapelle de la Vierge (2), où, quelques jours auparavant, on avait déposé le corps de Brézé (3).

Deux motifs amenaient Louis XI à Rouen. « Il venait, » dit Commynes, « pour assembler ses gens et de peur qu'il n'y eut quelque mutation au pays. » Cette crainte n'était que trop fondée. Le bruit s'était répandu qu'à la bataille de Montlhéry, Brézé avait été tué par l'ordre même du Roi, et l'on avait fait concevoir aux Rouennais, inquiets des tendances du nouveau règne, l'espérance de voir leur ville redevenir la capitale d'un duché indépendant, la rési-

---

(1) *Chronique scandaleuse.*
(2) *Arch. de la Seine-Inf.*, reg. capitul.
(3) *Ibidem.* — M. Deville, *Tombeaux de la cathédrale de Rouen*, p. 57, 58, 59, 67.

dence d'un duc de Normandie (1). Ces idees commençaient sans doute à fermenter au mois d'août 1465, mais il n'y avait point encore de conspiration à déjouer.

Le second motif du voyage de Louis XI était de réunir des forces à opposer à celles de la *ligue du bien public;* aussi, le voyons-nous convoquer toute la noblesse de Normandie, tous ceux qui tenaient de lui des fiefs, des arrière-fiefs ou des offices. Cette levée, dont le soin fut confié aux baillis, fut menée avec une grande célérité; dans les derniers jours du mois, le Roi se vit à la tête d'une armée considérable (2). Il en était grand temps; les princes confédérés étaient enfin sortis de leur inaction; ils étaient venus sous les murs de Paris. Là, ils avaient sommé les bourgeois d'ouvrir leurs portes au duc de Berry, comme régent du royaume, les menaçant, en cas de résistance, de dévaster leurs vignes, de détruire leurs maisons et de donner l'assaut. Les Parisiens demandèrent quelques jours de réflexion; ils profitèrent du temps qu'on leur accorda pour avertir le Roi, et le supplier de venir le plus promptement possible à leur secours. Sur cet avis, Louis XI se hâta de quitter Rouen, accompagné de tous les gens de guerre qu'il avait pu rassembler. Il entra à Paris le 28 (3). Il pouvait alors parler en maître, et n'attendait

---

(1) *Le dernier duché de Normandie,* excellent article de M. Chéruel, publié dans la *Revue de Rouen* de 1847, et refondu dans un travail plus général du même auteur, cité plus haut.

(2) *Mémoires* de Du Clercq, p. 272. — Rien ne fait croire que Louis XI n'ait fait que passer à Rouen. Le mandement au vicomte de Falaise pour assembler la noblesse de son district et l'envoyer à Caen prendre les ordres du bailli du Cotentin, n'émane pas du Roi, mais du lieutenant du bailli de Caux. On peut voir cette pièce dans M. Champollion, *Mélanges,* t. II, p. 377.

(3) *Mémoires* de Du Clercq, p. 273.

qu'un moment favorable pour disperser ses ennemis. Mais il reçut, dans les derniers jours de septembre, une nouvelle qui dérangea ses plans ; son frère venait d'être proclamé duc de Normandie, et toute la province était prête à entrer dans la révolte. Il changea alors de tactique et de langage ; il se hâta de dissoudre la ligue au moyen de promesses qui ne lui coûtèrent point à donner, et qu'il se réservait de ne point tenir 1.

Le lendemain même de son retour à Paris, le 29 août 1465, Louis XI avait aboli une imposition de 12 deniers pour livre qui avait cours à Rouen, soit qu'il eût été satisfait des sentiments des Rouennais, soit que, voyant leur fidélité chanceler, il crût nécessaire de les attacher à son parti par une faveur nouvelle. Cette imposition était considérée comme oppressive ; ils s'en prenaient à elle de la décadence de la ville, de la diminution que l'on observait dans sa population et dans son commerce. En en prononçant l'abolition, le Roi avait eu soin de déclarer que c'était en considération « *de la bonne et grant loyauté et obaissance, que tousjours ilz avaient monstrée envers lui, de la bonne union qui était entr'eulx et qu'il espérait qu'ilz auraient ou temps advenir ou bien de lui et de sa couronne, et pour les rendre plus enclins à y continuer et persévérer de bien en mieux, à la conservation de sa magesté et auctorité royal* (2). »

Quelques mois après, en janvier 1466, Louis XI revint en Normandie détruire ce fantôme de duché qu'on avait voulu ressusciter, autant pour lui faire pièce que par souvenir de l'ancienne indépendance de la province. Mais

(1) M. J. Quicherat, *Vie de Thomas Basin*, p. XL., XLII, en tête du t. 1ᵉʳ de Thomas Basin.

2) *Arch. de la ville de Rouen*, nᵒ $\frac{22}{4}$.

il se garda cette fois de paraître à Rouen ; il s'arrêta à Pont-de-l'Arche, où il eut le plaisir de recevoir la soumission des Rouennais, bien humiliés de l'issue de leur folle équipée.

Le cinquième voyage de Louis XI à Rouen eut lieu au mois de mai 1467. Le roi arriva dans cette ville le 28, venant de Paris par la Croix-Saint-Leufroy et Pont-de-l'Arche. Il était accompagné du bâtard de Bourbon, amiral de France, du comte de Longueville, de Gaston du Lion, sénéchal de Saintonge, des sires de Bueil, de Précigny, de la Forêt, de l'archevêque de Narbonne (1). Citons encore, comme présents à Rouen en même temps que lui, plusieurs fonctionnaires d'un ordre élevé et d'une influence considérable : Etienne Chevalier (2), Jean de Popincourt, Olivier Le Roux et Guillaume Many-Penny, sieur de Concressaut (3). Peu de temps après, la Reine et ses filles vinrent rejoindre Louis XI à Rouen.

Le jour même de son arrivée, le Roi se rendit à la Cathédrale. Il déposa 15 écus d'or sur l'autel de la Vierge, et 31 écus sur l'estrade où le Saint-Sacrement se trouvait exposé. Il revint à Notre-Dame le 17 juin, avant son départ, et fit une offrande de 13 écus. Pendant son séjour, les chantres de sa chapelle, dont il se faisait suivre volontiers, furent sans doute mis à la disposition des chanoines, puisque ceux-ci se crurent obligés de leur offrir un régal, dont la dépense s'éleva à 117 sous (4).

Le 30 mai, Martin des Essars, procureur de la ville,

(1) *Ordonn. des rois de France*, t XVI, p. 576.
(2) *Arch. de la Seine-Inf.*, reg. capitul, 25 mai 1467.
(3) V. *Pièces justificatives*, n° VIII.
(4) *Arch. de la Seine-Inf.*, reg. capitul Délib. du 16 juin.

vint prier le Chapitre, de la part des conseillers, de députer deux de ses membres à l'hôtel commun, où il s'agissait de délibérer sur les compliments à adresser au Roi, et sur les requêtes qu'il convenait de lui présenter (1).

Fût-ce à la demande des conseillers ou de son propre mouvement que Louis XI, le 10 juin 1467, accorda aux bourgeois de Rouen un privilége qu'ils avaient juste sujet d'envier aux bourgeois de Paris, le droit d'acquérir, de posséder et de transmettre des fiefs nobles, sans payer finance? Ce qui le portait à leur faire cette concession, c'était, disait-il, *la grant et bonne loyaulté qu'ils avaient tousjours eue envers ses prédécesseurs Roys, lui et la couronne de France, ainsi qu'ilz l'avaient moustré par effect, quant le cas se y étoit offert, en actendant siéges, endurant pourete, famines, mortalitez et autres peines et misères, comme il était assez notoire, et les grans charges et oppressions qu'ilz avaient par long-temps paciemment et libéralement portées et soustenues à l'occasion des grans subsides, aydes et autres subvencions qui avaient été mises sus, et levées pour le faict des guerres* (2). Plus tard, le Roi étendit le même privilége aux bourgeois d'Orléans et de quelques autres villes (3). Par ces mesures, il portait une profonde atteinte à l'ancienne constitution de la noblesse, et gagnait l'affection des classes moyennes. Nul doute que les lettres du 10 juin 1467 n'aient été accueillies avec beaucoup de faveur dans la ville de Rouen, où depuis longtemps, par suite des fortunes considérables qu'y formait le commerce, les bourgeois réussissaient à faire passer en leurs mains la propriété d'un grand nombre de fiefs.

---

(1) *Arch. de la Seine-Inf*, reg. capitul.
(2) *Ordonn. des rois de France*, t. XVI, p. 576.
3) Henri Martin, *Hist. de France*, t. XVI, p. 16.

Le but du voyage de Louis XI à Rouen, en 1467, est facile à saisir ; il n'a point échappé à la plupart des historiens. Il s'agissait de recevoir Warwich qui, depuis si longtemps, se faisait attendre. Pour bien comprendre l'importance et les raisons de cette entrevue, il est nécessaire de rappeler quelques faits. Louis XI voulait à toute force ruiner ou du moins affaiblir la puissance des ducs de Bourgogne, que l'orgueil et l'ambition de Charles-le-Téméraire allait lui rendre plus que jamais redoutable et odieuse. Pour y arriver, il ne fut point toujours délicat sur le choix des moyens ; plus tard, on le vit rechercher jusqu'à l'alliance du duc de Gueldres, que ses forfaits avaient voué à l'exécration universelle (1). Mais attaquer directement le duc de Bourgogne, tant qu'on pouvait craindre que ce puissant feudataire, secondé déjà par le duc de Bretagne, ne le fût encore par les Anglais, c'eût été jouer un jeu dangereux et s'exposer à tout perdre. La première chose que Louis XI avait à faire, c'était d'empêcher ou de rompre l'alliance de la Bourgogne et de l'Angleterre. De là ses prévenances, ses cajoleries, ses magnifiques libéralités à l'égard du comte de Warwich (2). Tout cela semblait bien, il est vrai, au-dessous de la majesté royale ; mais si Louis XI en aimait le titre, il ne s'en faisait point l'esclave ; il s'appliquait à lui-même, comme aux autres, cette devise qui lui était familière : « Quand orgueil chevauche devant, honte et misère sui- « vent de près. »

De son côté, Warwich avait un dégoût prononcé pour le comte de Charolais. Il n'était pas non plus insensible à la

---

(1) *Notices et extraits des manuscrits de la bibliothèque du Roi*, t. IV, p. 1.

2) Thomas Basin, t. II, p. 177, 178.

gloire de jouer le rôle d'arbitre entre deux puissants sou-
verains. Habitué depuis quelques années à occuper dans l'Etat
une place prédominante, à passer pour le protecteur plutôt
que pour le sujet d'Edouard IV, il sentait avec amertume
son crédit diminuer, son prestige s'anéantir devant l'influence de jour en jour croissante de la famille Wid-
wille.

Plusieurs ambassades avaient déjà été échangées entre
les cours de France et d'Angleterre, afin d'arriver à la
conclusion d'un accord durable (1). Le 6 mai, sur de
nouvelles propositions de Louis XI, Edouard IV confia au
comte de Warwich la mission d'aller traiter avec le Roi
de France et ses ambassadeurs pour la *paix et les
trèves* (2). Nul choix ne pouvait être plus agréable à
Louis XI; il n'en fit point de mystère; il accabla Warwich d'honneurs et le traita avec autant de distinction que
s'il se fût agi du roi d'Angleterre en personne. Ecoutons
là-dessus le récit de la *Chronique scandaleuse* :

« Au mois de juin 1467, le Roy se partit de Paris, et ala
à Rouen, en Normendie, et ailleurs, et luy estant à
Rouen, fist venir à luy le comte de Warwich hors du
royaulme d'Angleterre, pour aucunes causes qui le meu-
rent, et illec se mist en bateaulx lui et sa compaignie et
vindrent jusques à la Bouille, assis sur la rivière de
Seine à cinq lieues de Rouen à ung samedi, 7 juin à
l'eure de disner, lequel trouva illec son disner tout prest,
et le Roy qui estoit illec ainsi arrivé pour le recevoir, et y

---

(1) Rymer, *Fœdera*, édition de La Haye, 1739, t. V, part. 2,
p. 144.

(2) *Ibidem.* — Warwich ne vint pas à Rouen de son chef, comme
l'auteur de la *Chronique scandaleuse* et comme Basin l'ont supposé.
M. Quicherat a déjà fait observer cette méprise dans son édition de
Thomas Basin, t. II, p 178.

fut moult fort festoyé, et tous ceulx de sa dicte compaignie; puis, après disner, rentra ledit Warwich ès dits
bateaulx, et s'en ala par la rivière de Seine, et le Roy s'en ala
par terre, lui et sa compaignie, jusques audit Rouen. Et
alèrent à l'encontre ceulx de la dicte ville par la porte du
Cay S.-Eloy, où le Roy lui fist faire moult grant recueil et
honnorable; car de toutes les paroisses et églises de la dicte
ville furent portées au devant de lui les croix, bannières,
eaue benoiste et tous les prestres revestus en chappes. Et
ainsi fut conduit jusques à la grant église Notre-Dame de
Rouen, où il fist son offrande, et après s'en ala en son
logis qu'on lui avoit ordonné aux Jacobins dudit lieu. Et
après vindrent en la dicte ville la Royne et ses filles, et
demoura illecques le Roy avecques ledit Warwich par
l'espace de douze jours. Et après, ledit Warwich s'en dé-
partist et retourna en Angleterre; renvoya le Roy avecques
lui M⁹ʳ l'amiral, l'évesque de Laon, maistre Jean de Pou-
paincourt, son conseiller, maistre Olivier Le Roux et
aultres.

« Et est assavoir que, durant le temps que ledit de Warwich et ceulx de la dicte compaignie furent et séjournèrent
à Rouen, que le Roy leur fist de moult grans dons comme
de belles pièces d'or, une couppe d'or, toute garnie de
pierreries; et Monseigneur de Bourbon aussi lui donna
ung moult beau riche diamant et d'aultres choses; et si
fut du tout desfrayé de toute la despense que lui et tous
ses gens avoient faicte depuis qu'ilz descendirent de la
mer à terre jusques à ce qu'ils remontassent en mer (1). »

Rapprochons de ce récit quelques autres renseigne-

(1) Godefroy, *Mémoires* de Ph. de Comines, édition de Bruxelles,
1714, t. I, 2ᵉ partie, p. 110. Cf. ibid., t. IV, p. 359. — Thomas Basin,
t. II, p. 41.

ments relatifs à la même réception. Nous les avons recueillis dans les registres capitulaires de la Cathédrale, dans l'histoire de Thomas Basin et dans un mémoire signé de Louis XI, dans lequel se trouvent détaillées les dépenses faites pour le compte du Roi à l'occasion du séjour de Warwich à Rouen. Nous devons la connaissance de cet intéressant document à l'obligeance de M. Léopold Delisle.

Le lundi 9 juin, en vertu d'une délibération prise le samedi précédent, douze chanoines, au nom du Chapitre, se rendirent par eau à la Bouille, au-devant du comte de Warwich. Il y était arrivé dès le 7, et y avait été reçu par le Roi, que nous y voyons dès le 5 du même mois (1).

Le voyage de Warwich en Normandie ressembla à un triomphe : à son passage à Honfleur, à Quillebeuf, à Caudebec, à Rouen, les clés de la ville lui furent présentées par les conseillers conformément aux instructions de Louis XI. On n'eût pas mieux fait pour le Roi de France (2).

La suite du comte était nombreuse et donnait une haute idée de sa puissance ; elle se composait de plus de deux cents Anglais, archers, trompettes, hérauts et chevaliers. On distinguait, entre tous, Jean Wenlok, dont nous avons déjà eu l'occasion de citer le nom, Robert Harcourt,

---

(1) *Ordonn. des rois de France*, t XVI, p. 576. « Donné à la *Bouille*, le 5 juin de l'an de grace 1467. » Le savant éditeur, M. de Pastoret, avoue qu'il ne sait où est le lieu qui porte ce nom, mais un Rouennais n'a pas de peine à reconnaître la Bouille.

(2) **Thomas Basin**, t. II, p. 178. — Cet auteur se trompe en disant que Warwich débarqua à Harfleur ; ce fut à Honfleur, comme on le voit par le Mémoire de Louis XI.

Thomas Kent, Thomas Colt (1) et l'evêque d'Aberdeen.
Warwich et ses seigneurs avaient voulu prévenir les gra-
cieusetés de Louis XI ; ils lui offrirent des haquenées et
des lévriers d'Angleterre.

Ce fut peu de chose auprès des largesses du Roi ; il fit
remettre à Jacques Haye, maître-d'hôtel de Warwich,
douze tasses et un drageoir d'argent, pesant quarante-
quatre marcs, qui lui revinrent à 502 l. ; il fit faire
exprès à Rouen, ville qui semble alors avoir été renommée
pour son orfèvrerie, une coupe d'or qui lui coûta plus de
2,000 l. ; elle était destinée à Warwich. Il chargea Adam
Hémory, qui lui avait offert sept lévriers de la part
de Guillaume Herbert, de reporter à son maître six
tasses d'argent du prix de 160 l. Il acheta pour près de
1,600 l. de vaisselle blanche et dorée, qu'il donna en
cadeaux aux chevaliers anglais. Personne ne put échapper
à sa libéralité. Il avait recommandé aux marchands de
drap de Rouen de fournir aux Anglais, sans se faire
payer, tout ce que ceux-ci leur demanderaient; lui seul
se chargeait de toute la dépense (2). « Il en résulta, dit
Basin, que tous les gens de l'ambassade s'en retournèrent
chez eux vêtus de damas et de velours, de ces draps fins
et précieux qui assurent au commerce de Rouen la supé-
riorité sur toutes les villes du royaume. » Voilà encore,
pour le dire en passant, un témoignage remarquable de
l'excellence de la draperie de Rouen au XVᵉ siècle (3).

Warwich logea au couvent des Jacobins, occupé aujour-
d'hui par la Préfecture. Cette fois le Roi n'alla point loger
au château : afin d'être plus près de Warwich, il vint

---

(1) Rymer, *Fœdera*, t. V, part. 2, p. 141.
(2) *Pièces justificatives*, nᵒ VIII.
(3) Thomas Basin, t. II, p. 178.

s'établir dans un hôtel voisin de la porte Saint-Eloy, et qui appartenait au conseiller maître Robert Biote (1).

Le comte passa six jours à Rouen ; il se rembarqua le 16 juin, se rendit à Honfleur, et reprit la mer le 23.

Peu de temps après lui partirent pour l'Angleterre, en qualité d'ambassadeurs, l'archevêque de Narbonne (2), le bâtard de Bourbon, Guillaume Mauy-Penny, sieur de Concressaut, maître Jean de Popincourt, conseiller, et Olivier Le Roux, notaire et secrétaire du Roi (3). Ils étaient accompagnés de trois cents personnes, mariniers et francs-archers. Louis XI se croyait à la veille de conclure enfin la paix avec l'Angleterre. Que de peines ne s'était-il point données, quelles avances n'avait-il point faites afin de l'obtenir ? à ce point qu'à la cour de Bourgogne,

---

(1) *Pièces justificatives.* n° VIII. Robert Biote, « maistre des requestes de l'ostel du Roy, lay conseillier » cité dans le registre manuel de l'Echiquier de Normandie, de 1462, p. 1, aux *arch. du Palais-de-Justice de Rouen.*

(2) Ce fut bien Antoine du Bec-Crespin qui fut chargé de l'ambassade d'Angleterre, ainsi que le dit Thomas Basin, et non l'évêque de Laon, J. de Gaucourt, comme le récit de la *Chronique scandaleuse* l'a fait croire à M. Quicherat, t. II, p. 179. Le Mémoire de Louis XI ne laisse aucun doute à cet égard.

(3) Mauy-Penny était Écossais d'origine. (Rymer, *Fœdera*, t. V, part. 1, p. 179.) Il en est question dans une délibération de l'Hôt-l-de-Ville de Rouen, du 30 avril 1471. On rappelle que la ville avait donné à ce personnage « *un livre tout noef et tout prest enluminé, nommé le livre de Bocasse.... pour considération de plusieurs services par lui faits à Rouen.* » V. la *Notice sur l'ancienne bibliothèque des Echevins de Rouen*, de M. Ch. Richard, dans les *Mémoires de l'Académie de Rouen.* — Jean de Popincourt était président au Parlement de Paris ; il avait été envoyé par le roi Louis XI à François II, duc de Bretagne, pour l'affaire de Saint-Jean-d'Angely. *Notices des manuscrits*, t. IV, p. 55. Le saufconduit accordé par Edouard IV aux ambassadeurs est du 25 juin 1467. Rymer, *Fœdera*, t. V, part. 2, p. 144, 145.

on était allé jusqu'à dire que, pour gagner l'amitié d'Edouard IV, Louis XI avait offert de lui céder le pays de Caux, la ville de Rouen, et de lui aider à prendre, sur les Bourguignons, Abbeville et le comté de Ponthieu (1). Et pourtant, il ne put arriver à conclure un traité, et jamais plus brillante ambassade n'eut, en définitive, un résultat plus insignifiant. Le vent avait changé ; en courtisant Warwich, le Roi avait perdu sa peine. Pendant que l'orgueilleux comte se plaisait à recevoir à Rouen des honneurs d'ordinaire réservés aux têtes couronnées, Edouard IV faisait un coup d'Etat contre son ancien favori ; il enlevait à main armée les sceaux à l'archevêque d'York, frère de Warwich (2). Un pareil fait devait faire craindre que le roi d'Angleterre ne se montrât pas très empressé de ratifier les promesses de son ambassadeur ; mais, bientôt, Louis XI sut nettement à quoi s'en tenir, lorsqu'il apprit que le comte de Charolais, son ennemi mortel, à la veille de devenir duc de Bourgogne, allait épouser la princesse Marguerite, sœur d'Edouard. Les ambassadeurs rapportèrent à Louis XI, de la cour du roi d'Angleterre, des trompes de chasse et des bouteilles de cuir, cadeaux qui paraissent dérisoires, et qui, en tous cas, contrastent étrangement, comme le remarque l'auteur de la *Chronique scandaleuse*, avec les belles pièces d'or, les coupes, les pierreries, qui avaient été offertes à Warwich.

Ce n'était point la dernière déception de Louis XI ; il lui en était réservé de plus amères : mais peu lui furent aussi sensibles que celle qu'il éprouva en 1475, et cette

---

(1) Thomas Basin, t. II, p. 181.
(2) Rymer, *Fœdera*, t. V, part. 2, p. 116.

fois, de la part d'un homme qu'il avait comblé de ses faveurs.

A la tête d'une armée nombreuse et bien ordonnée, Louis XI était en train de réduire les villes que le comte de Charolais possédait en Picardie. Le connétable de Saint-Pol, qui s'était proposé de tenir la balance entre le Roi de France et le duc de Bourgogne, pour se faire courtiser de l'un et de l'autre, s'alarma des rapides succès du Roi ; il le trompa en lui donnant avis que les Anglais se préparaient à descendre en Normandie, et qu'il était urgent de s'y rendre au plus vite (1). Si défiant que fût Louis XI d'ordinaire, il ne soupçonna pas le piège. Il renonça pour le moment à l'expédition de Picardie, et s'achemina, sans tarder, en Normandie, accompagné de l'amiral et de cinq cents lances, avec les nobles et les francs-archers. Il se rendit à Dieppe, à Honfleur, à Caudebec, à Rouen. Nulle part il n'était question d'Anglais. Après avoir passé quelques jours à Rouen, il se retira à Ecouis, au château de Gaillardbois, qui appartenait alors à Jean Le Sec, lieutenant-général de Guillaume de Casenove, vice-amiral de France (2). Là, il reçut des nouvelles qui ne lui laissèrent plus de doutes sur la trahison dont il était victime. Les Bourguignons, que Saint-Pol s'était fait fort de réduire, comme si c'eût été une

---

(1) Thomas Basin, t. II, p. 347, 348, 351. — *Chronique scandaleuse.*

(2) La *Chronique scandaleuse* dit que Louis XI se retira à Ecouis, dans un hôtel nommé Gaillardbois, qui appartenait à Coton, lieutenant de l'amiral. *Coton* est une mauvaise leçon ; il faut lire *Coulon*, surnom de Guillaume de Casenove. Ce *Coulon* était vice-amiral de France ; ce ne fut que plus tard que Gaillardbois lui appartint en toute propriété, par son mariage avec Guillemette Le Sec, dame de Gaillardbois et de Charleval. V. Anselme, *Dictionn. général.*, t. VII, p. 856.

petite besogne , ne se sentant plus pressés par les troupes
du Roi, avaient repris l'offensive et envahi les frontières.
En même temps, sur l'appel du duc de Bourgogne, une
armée anglaise avait débarqué à Calais (1).

Louis XI était arrivé à Rouen le 30 mai au soir. Ce jour-
là même, il avait visité l'église Notre-Dame et y avait été
reçu solennellement par le Chapitre. Il y revint plusieurs
fois et se montra plus généreux encore que dans ses
autres voyages. La Cathédrale de Rouen semble avoir été
un de ses sanctuaires de prédilection. Cette année-là
même, à la suite d'un vœu fait dans des circonstances
que nous ignorons, il avait envoyé 1,200 écus aux chanoines « *pour la singulière dévocion qu'il avoit à la benoiste*
glorieuse Vierge Marie, à ce que par sa grâce elle lui fût
secourable en tous les fais et affaires de lui et de son royaume,
en les priant de l'avoir toujours, lui et le Dauphin, en leurs
bonnes prières envers Dieu et ladicte Dame pour recommandez. »

Le 13 juin, il donna une nouvelle preuve de sa dévotion. C'était la fête de saint Aignan, en qui il déclarait
avoir *singulière révérence*. Il exprima aux chanoines le
désir de voir célébrer cette fête avec plus de solennité
que de coutume, et ne manqua pas d'assister à l'office.

Pendant le séjour du Roi, il y eut à Rouen une réunion
du clergé, présidée par le vicaire-général de l'archevêque,
J. du Mesnil, et une assemblée de ville, tenue pour
délibérer sur les affaires publiques, les droits et les liber-
tés du pays (2).

---

(1) *Chronique scandaleuse.*

(2) *Sur le voyage de Louis XI à Rouen*, V. aux *Arch. de la*
Seine-Inf., les reg. capitul. et les *Pièces justificatives*, n° IX. Des
lettres-patentes de Louis XI en faveur de la **Madeleine de Rouen**
portent la date de Rouen, 17 juin 1473. On voit par ces lettres que
l'évêque d'Avranches accompagnait Louis XI.

Louis XI quitta Rouen vers la mi-juin. Il ne devait point y revenir. Ses affaires ne l'appelèrent plus de ce côté, lorsque le traité de Péquigny (1) lui eut enfin assuré la paix avec l'Angleterre.

Nous finirons cette notice par deux anecdotes qui peuvent servir à faire connaître le caractère de Louis XI. Elles se rapportent à l'un ou à l'autre des six voyages dont nous venons de parler, nous ne saurions dire auquel ; il importe du reste assez peu d'arriver, en pareille matière, à une détermination de temps plus précise.

L'évêque de Lisieux, Thomas Basin, à la fin de son *Histoire de Charles VII et de Louis XI*, dont nous devons la révélation complète à l'érudition de M. J. Quicherat, établit un parallèle entre ces deux princes de physionomie si différente. Ce parallèle est tout à l'avantage du premier. « Le père, » nous dit-il, « fut d'une sobriété et d'une tempérance remarquables; le fils, au contraire, se fit une déplorable réputation par son intempérance en tout genre. Un jour qu'il se trouvait à Rouen à dîner dans une taverne publique, en compagnie de buveurs renommés, il prit entre ses mains la croûte d'un énorme pâté qu'un insigne biberon lui présentait remplie de vin jusqu'aux bords, et la vida d'un seul trait. Par là, on peut se faire une idée de la tempérance et de la gravité du personnage, pour ne pas dire de sa sottise. » C'est un ennemi qui parle, ne l'oublions pas ; Louis XI avait fait assez de mal à Thomas Basin pour avoir perdu le droit de compter sur sa bienveillance. Ce n'est pas que l'anecdote nous paraisse absolument invraisemblable, mais la conclusion est certainement forcée et dure à l'excès. Ces manques de convenance qui choquè-

---

(1) Conclu le 29 août 147..

3

rent notre historien n'étaient peut-être qu'un calcul de la part de Louis XI, et nous serions assez porté à croire que le renom de bon vivant, de joyeux compère, était considéré par le rusé monarque comme un élément de la popularité qu'il recherchait.

L'autre trait nous le montre sous un autre jour. Louis XI se trouvait dans le chœur de la Cathédrale ; il examinait le tombeau de Bedford, placé à peu de distance du monument qui recouvrait le cœur de Charles V. Le contraste semblait choquant, et fournissait beau prétexte à une boutade de faux patriotisme. Un seigneur de la suite du Roi ne manqua pas l'occasion : « Pourquoi, s'écria-t-il, souffrir plus longtemps un monument qui n'est bon qu'à perpétuer le souvenir de la honte du pays ? » — « Non, » répondit Louis XI, « laissons reposer en paix les cendres d'un prince qui ferait, s'il était en vie, trembler le plus hardi d'entre nous. Je souhaiterais qu'on eût élevé un monument plus magnifique à sa gloire (1). » Si, sur l'autorité de Rapin Thoyras, il faut tenir cette réponse pour authentique, ce que nous sommes loin de vouloir garantir, nous serions tenté, nous l'avouons, de lui assigner pour date un jour où elle aurait pu passer pour une flatterie délicate et habile, le jour où le comte de Warwich se trouvait à Rouen avec ses deux cents Anglais.

---

(1) Rapin Thoyras, dernière édition, t. IV, p. 267.

PIÈCES JUSTIFICATIVES.

———————————

I.

LE COMTE DE CHAROLOIS A ROUEN. DÉCEMBRE 1461

Extrait des Registres de la Cathédrale de Rouen : — Vendredi 18. Decembre 1461. — « Domini capitulantes concluserunt quod, si contingat dominum de Charoloys qui de brevi, prout fertur, venturus est ad hanc civitatem, descendere ad ecclesiam, propter honorem domini nostri Regis, qui personam suam habet valde recommissam, honeste recipiatur, scilicet quod in navi ponetur scabellum paratum pro orando, si velit; et infra chorum Domini canonici et capellani ac alii de ecclesiâ in suis cathedris eum expectabunt, et ei ibidem reverenciam exhibebunt; et postmodum ad altare sibi presentabuntur reliquie, ut illas deosculetur; et deputarunt magistrum Phifippum de Rosá, thesaurarium, ad portandum verbum pro ecclesiá, et ipsos ac beneficiatos in eâ sue gracie recommendandum et offerendum. »

Lundi 21. Decembre... « Item de sex obolis oblatis die dominica precedente dominus (sic) de Charoloys ad reliquias quâ die venit ad ecclesiam Bothomagensem horâ majoris misse, que propter sui presenciam fuit solenniter et in vestimentis azureis opulentissimis decantata. »

Extrait des registres des Délibérations de l'hôtel-de-ville de Rouen. A. 8, fᵒ 197, vᵒ. — « Le Vendredi xixᵉ jour de Décembre

mil iiii^c LXI., Mons. de Charoloys, fils de Mons. le duc de Bour-
gongne arriva à Rouen et fu logé au *Lion-d'Or*, devant la Ronde,
et fut l'en à l'encoutre de lui eu notable compaignie de par la ville
lui faire le bienvenant, ainsi que le Roy l'avoit adverti par ses
lettres adreçantes à ladicte ville.

Item, tantost lui arrivé, lui furent presentez de par ladicte ville
iii. pouchons de vin, l'un de Bourgogne, l'autre de Paris, et le
tiers blant de Beaune.

Item, depuis donnez iii. draps entiers de par icelle ville, c'est
assavoir : une escarlate, ung drap pers et ung drap gris, des
draps fais à Rouen. »

II

Marguerite d'Anjou à Rouen, en juillet 1462.

Extrait des registres de la Cathédrale de Rouen .15. juillet 1462.
« Illâ die, horâ sextâ de releveyâ, applicuit Regina Anglie de quâ
in precedenti paginâ fit mencio (à l'occasion de la lettre de
Louis XI que nous avons insérée dans notre texte) cui precesserunt obviam processionaliter religiosi S.S. Audoeni, Laudi
Magdalene, curati parrochiales et mendicantes, que à Dominis
decano et capitulo, videlicet Dominis canonicis, capellanis, et
clericis fuit honeste recepta, ut die dominicâ precedenti fuit
couclusum, et ulterius fuit pulsatum *au quarreillon*.

Extrait des registres de l'hôtel-de-ville de Rouen. A. 8, f° 205.
« L'an mil iiii^c LXII., le mardi xiiie. jour de juillet aprez nonne,
vers le soir, la Royne, femme du Roy d'Angleterre, fille du Roy de
Secille, duc d'Anjou, arriva de devers le Roy notre sire en ceste
ville de Rouen, et fu moult honorablement reçeue par Messieurs
les gens du Roy, les conseillers et autres des xxiii. du Conseil
de ceste ville avec x homes notables de chacun quartier, lesquels
alèrent à l'encontre d'icelle Royne, à cheval, et la rencontrèrent
sur le chemin d'entre Grantmont et Socteville, et la reception fu
faite et la parole portée, en obtempérant aux lettres et mande-
mens du Roy notre dit Seigneur, par Gauvain Mauviel, escuier,

lieutenant general de Mons. le Bailli de Rouen, parlant, sans descendre de son cheval, à ladicte Royne, et fist la responce, regraciacion pour ladicte Royne, Mons. l'archevêque de Nerbonne, Mons. Maistre Anthoine Crespin, et fu présenté et donne à icelle Royne et envoyé en son logeys, qui fut en l'ostel du *Lion d'Or*, devant l'église de la Ronde, chiez Regnault de Villeneufve, advocat à Rouen dudit Seigneur, trois bons pouchons de vin vermeil de plusieurs sortes, et depuis lui furent oultre presentes... » (le reste en blanc).

III.

Brezé, propriétaire de vaisseaux de guerre au port de Rouen.

Extrait des registres de l'hôtel-de-ville de Rouen. A. 8, f° 185, v°. — « Le samedi, xiiiᵉ jour de février mil iiiiᶜ lx, par Sires Robert le Cornu, Guillaume de Feugueray, Jehan Alorge, Robert du Rosc, et Nicolas Poilevilain, conseillers.

Deliberé fu et ordoné que par Richart Ango, commis au gouvernement des ouvrages de la ville, seront bailliées et délivrées à Audri Sac, lequel va en armée sur la mer en deux gallées, estant de présent aux *clos aux gallées* de la dicte ville, que l'en dit appartenir à Monsieur le Grant Seneschal de Normandie, cappitaine de ceste dicte ville, en fourme et manière de prest à recouvrer, qui recouvrer les pourra, dudit Audry Sac, c'est assavoir: deux des arbalestres d'achier de ladicte ville, et deux engins et iiᶜ de viretous ou traict. »

IV.

Louis XI à Rouen, au mois d'aout 1462.

Extrait des registres de la Cathédrale de Rouen. — 12. juillet 1462. Deputation du doyen, du trésorier, de l'archidiacre,

Guillaume du Desert et Roussel, pour s'entendre avec les bourgeois et conseillers de la ville « pro jocundo adventu Domini nostri Regis qui, de brevi, sicut fertur, venturus est ».

Mardi 3. Aout 1462. « Ipsâ die, fuit conclusum quod noster Rex Ludovicus, qui de brevi venturus est ad hanc civitatem, honeste recipiatur in cappis ad valvas ecclesie, juxta antiqua registra.

Mercredi 11. Aout. — «Conclusum fuit, juxta conclusiones prehabitas, quod unusquisque tam dominorum canonicorum quam capellanorum et aliorum de ecclesiâ et honeste se habeant in receptione domini nostri Ludovici, Regis Francie, qui hodiernâ die venturus est, et claudantur porte usque ad suum adventum, et recipiatur per Dominum decanum et duos vel tres de majoribus et Dignitatibus cum aquâ benedictâ, libro evangeliorum et thuribulis, processione in ecclesiâ juxta valvas per ordinem existente et actendente ingressum Domini nostri Regis predicti, que statim moveat propter pressuram gencium, et reclaudantur porte seu valve ecclesie, quantum fieri poterit, et similiter claudantur porte chori, et parentur unum scabellum in cimiterio, ubi primo recipiatur Dominus noster Rex modo premisso, secundum ante pulpitum ubi possit orare, et tercium juxta majus altare ubi ponantur et collocentur reliquie; et ibi fiat brevis collacio per Dominum decanum recommandando ecclesiam et collegium, prout viderit expedire.

Illâ die, prefatus Dominus noster Rex intravit civitatem Rothomagi cui precesserunt, prout fuit relatum in capitulo, omnes viri ecclesiastici, in superliciis et cappis, tam curati quam religiosi S. Andoeni, S. Laudi et Beate Marie Magdalene et cappellani parrochiarum honeste; et postmodum venit ad ecclesiam Rothomagensem quasi inter quartam et quintam horas, juxta conclusionem predictam, cum decantatione de *Te Deum laudamus*, pulsacione organorum et alias, prout honestius fieri potuit, et per dictum Dominum decanum fuit facta collacio juxta et ad fines supradictas, et in illâ receptione fuerunt domini canonici et capellani ac alii beneficiati, quantum fieri potuit, *induti capis albis et rubeis juxta libratam* ipsius Domini nostri Regis, et oravit ubique idem Dominus noster Rex, et cum gaudio et trepudio intravit, fuit receptus, et recessit ab ecclesiâ tendendo ad Castrum.

Ipsâ die, fuit conclusum quod crastinâ die fiant processiones generales pro reductione Normannie, prout est fieri consuetum. »

Samedi 15. Aout. « Ipsâ die, prefatus Dominus noster Rex venit ad ecclesiam, et audivit missam cum decantatione simplici in capellâ B. M., et ibidem obtulit in fine misse, prout fuit relatum, quadraginta scuta

Ipsâ vero die sabbati, post exitum illius misse, venerunt nova Domino nostro Regi predicto de certâ victoriâ apud   pro quibus ad instantiam Domini nostri Regis fuit decantatum *Te Deum laudamus*, et in crastinum requisivit quod celebraretur missa solennis ad laudem Dei pro victoriâ hujusmodi, dicens quod satisfaceret ecclesie.

Dominicâ in festo assumpcionis Beate Marie, XVᵃ Augusti, in choro dicte ecclesie fuit celebrata missa solennis ad causam et instantiam predictas, et hoc ante majorem missam et processionem illius diei.

Ipsâ vero die prefatus Dominus noster Rex audivit missam in capellâ B. M. retro altare majus atque vesperas cum cantu simplici, durante majori missâ, et in offertorio obtulit xiii. scuta, prout fuit relatum in capitulo, et per assertionem custodis altaris capelle Beate Marie, et non amplius etiam, cum juramento, quia erat difficultas de ampliori summâ (1).

Similiter misit ecclesie centum scuta pro premissis....

---

(1) Les mots *ampliori summâ*, transformés par l'auteur de l'*Histoire de la cathédrale de Rouen* en *amphora oblongua*, lui ont fait croire que Louis XI, à la fête de l'Assomption, avait présenté à l'offertoire un vase *de forme allongée*. Une erreur plus sérieuse, c'est d'avoir dit que Charles, fils aîné de Louis XI, fut du voyage, et que, par une lettre adressée de Rouen aux gens de ses comptes, ce prince leur ordonna d'allouer au trésorier Jean d'Orbec la somme de 242 fr. Ce fils aîné de Louis XI est inconnu, et ce mandement nous a tout l'air d'être antérieur d'un siècle à l'époque qu'on lui assigne. *Histoire de la cathédrale de Rouen*, t. II, p. 507.

V.

LA PRINCESSE DE PIÉMONT ET LE DUC DE SAVOIE A ROUEN, EN 1464.

Extrait des registres de l'hôtel de-ville de Rouen, A. 8. —
.... « Mercredi viii° jour d'aoust, l'an mil cccc LXIII., présens
Gauvain Mauviel lieutenant général de Mons. le bailli de Rouen,
Guillaume Ango, Robert Le Corne, Guillaume du Feugueray,
conseillers, Gieffin du Bosc, Jehan Le Roux, Guillaume Gom-
baut, anciens conseillers, Martin des Essars, procureur, et
aultres, fu deliberé et ordonné faire présent et donner de par
la ville de Rouen pour l'onneur d'icelle à très hault et exellent
princesse, Ma dame la princesse de Pimont, fille de France et seur
du Roi Louys, notre Souverain Seigneur, espouse de l'ainsné filz
de Mons. le duc de Savoye, en sa nouvelle et bonne entrée en
ladicte ville de Rouen, en révérence et honneur du lieu et maison
dont elle est yssue, deux exellens et fins draps de Rouen, c'est
assavoir ung drap d'escarlate et ung drap gris des meilleurs
et plus fins que l'en pourra recouvrer.

Item, est assavoir que, en obtempérant à la délibéracion dessus
dicte, furent achactez à Perrenot Gueroult, drappier, demourant
en ladicte ville de Rouen, deux fins draps ; c'est assavoir ung
demy-drap d'escarlate contenant dix aulnes, qui cousta viii l. t.
chacun aune, item ung autre demy-drap gris contenant aussi dix
aulnes, qui cousta c. s. t. chacune aulne. »

En marge : « Nota que à sa nouvelle et joyeuse venue à Rouen,
elle fit des prisons délivrer les prisonniers criminels estans ès
prisons du Roy. »

... « Samedi aprez nonne, xxii° jour de septembre mil cccc. L. XIII.,
Mons. le duc de Savoye, père de la Reine de France, arriva à
Rouen, et fust l'en à l'encontre de luy en notable compaignie de
par la ville à cheval, et lui fu presenté de par lad. ville pour
l'ouneur d'icelle, en révérence de ce que le Roy notre Sire a
espousé sa fille, une queue de vin de Beaune et deux pouchons
de vin vermeil, vin de Tournus.

VI.

Le Duc de Berry a Rouen, en Novembre 1465.

Extrait des registres des deliberations de l'hôtel-de-ville de
Rouen. — « Lundi aprez nonne, xxve jour de Nobre, l'an mil IIIIe LXV,
Charles fils, frère du Roy notre Sire, à present Duc de Normendie,
et notre très redoubté Seigneur entra en la ville de Rouen, et
print possession de la ville comme Duc de Normandie, lequel
ouparavant estoit Duc de Berry, et le Dymence au matin ensuivant,
il vint en l'église N. D. dudit lieu de Rouen, en grant et notable
compaignie, où là fu dit une notable messe, et illec fait les
solennitez appartenant à Duc de Normandie » (1).

VII.

Le Comte de S Pol a Rouen.

Extrait des registres d l'hôtel-de-ville de Rouen. A. S,
fo 260, vo. — « Du Lundi, xve jour de Décembre l'an mil IIIIe LXVI.,
en l'ostel commun de la ville de Rouen, en notable assemblée,
présens Révérend Père en Dieu Mons. l'archevesque de Nerbonne,
Mons. le bailli de Rouen, maistre Jehan de La Driesche, trésorier
de France, maistre Guill. Picart, général des Jnances, Mons.
Jehan de Hangest, chevalier, Sr de Jenli, et à présent lieutenant
de Mons. le conte de S. Pol, connestable de France et cappne de
Rouen, icellui Sr de Jenli, lieutenant ès ville et chastel dudit
lieu de Rouen, Mons. Daviot de Poix, chevalier, lieutenant pour
mondit Sr le capitaine au Palais de Rouen, Mons. Philippe de la
Tour, chevalier, lieutenant de mondit Sr le cappitaine au pont de

_____

(1) Voy., dans la _Revue de Rouen_, de 1847, un article de M. Chéruel : « Le dernier duché de Normandie. »

Sayne de Rouen, Noel Le Barge, receveur général de Normendie, Jaques de Croismare, lieutenant général de mondit S^r le bailli, les avocas et procureurs du Roy notre Sire, le lieutenant général de Mons. le bailli, Mess. les conseillers, les quarteniers, centeniers, cinquanteniers, et vi hommes, notables personnes d'icelle, en grant nombre, furent leues les lettres patentes du Roy notre souverain Seigneur, données à Orléans, le xiiiᵉ jour de Novembre derr. passé, par lesquelles hault et puissant Seigneur mondit Seigneur le Conte de S. Pol estoit ordonné et constitué capitaine de ceste dicte ville de Rouen, ou lieu de Mons. le Conte de Maulévrier, lequel mondit Seigneur le conte de Maulévrier, par autres lettres dudit Seigneur données audit lieu d'Orléans, le dit xiiiᵉ de Novembre derrain passé, estoit honnorablement deschargé par icellui Seigneur d'icelle cappitainerie de Rouen, et en présence (fᵒ 261) de ceux dont dessus est faicte mencion, furent baillées les clefz desd. ville, chastel, pont, palaiz et pont de Rouen par les commis ad ce par mondit Seigneur le Conte de Maulevrier, lesquelles furent en présence, comme dessus, incontinent rebaillées et delivrées aux dessus nommez Seigneurs de Jenli, de Verrières et Philipe de la Tour, chevaliers, ainsi que à chacun pour sa charge touchoit.

Item, et à ladicte heure et plaine assemblée, Martin des Escars, procureur de ladicte ville, fist la protestacion acoustumée faire par les procureurs de ladicte ville, pour et ou nom d'icelle, quant il y a mutacion ou nouvelle institucion de cappitaine, au regard de plus grant pencion ou gaiges, et se plus grant pencion que de cent livres tournois par an est par ladicte ville acordée audit Mons. de S. Pol comme capitaine, que ce ne face ou porte aucun préjudice pour le temps avenir à icelle ville, ne ce atrait une autreffois à consencque (sic; lisez à conséquence) ou préjudice de ladicte ville, en en réquérant à mondit S^r le bailli de Rouen lettre de non préjudice, qui acordée lui fu par icellui Mons. le bailli...

Le dit dernier jour aprez nonne, par le lieutenant du bailli, les avocas et procureur du Roy, les xxiiii., et les conseillers et autres,

Fu delibérés oultre faire gratuité à Mons de S. Pol, connestable de France, lieutenant général du Roy en Normandie et

cappitaiue de ceste ville de Rouen , et à Madame sa femme, seur
de notre très redoubtée dame la Royne , à leur nouvelle venue
en icelle ville , de six pouchons de vin exellent au Seigneur et
à ladicte Dame , de trois demis draps de Rouen, l'un une escarlate , l'autre ung fin pers , et le tiers ung fin gris.

Extrait des Registres de la Cathédrale de Rouen, penultiéme jour
de Decembre 1466. — « Ad adeundum domum ville pro tractando
quid agendum in novo adventu Domini Connestabularii , qui heri
de releveyà venit et applicuit in hanc villam, fuerunt commissi et
deputati Ma Jo. de Gouvis, Guill. Auvray, et refferant. »

VIII.

LOUIS XI ET WARWICH A ROUEN . EN 1467.

Roole des parties et sommes de deniers que le Roy notre Sire
a ordonnées et commandées estre paiées , baillées et delivrées
par Noel le Barge, naguères receveur general de ses finances
en son pays et duchié de Normendie, tant pour partie de la
despence du conte de Warwyk et autres Seigneurs d'Angleterre
venuz en sa compaignie en ambaxade devers le Roy notre dit
Seigneur en la ville de Rouen, ès mois de May et Juing
mil cccc LXXVII., que pour le fait de plusieurs dons que le dit
Sieur a faiz ausdis ambaxadeurs et à aucuns autres gens de ladite
compagnie, et aussi pour la despence faicte pour le fait de l'advitaillement d'aucuns des navires dudit conte de Warwyk et
d'autres ordonnez pour le passaige et repassaige desdis ambaxadeurs du Roy notre dit Sr, que lors il envoioit en Angleterre
en la compaignie dudit conte de Warwik , en ce comprins le
paiement des mariniers et francs archiers mis en iceulx navires,
pour la seurté et conduicte d'iceulx et desdits ambaxadeurs, en la
manière qui sensuit :

Et premièrement

Deniers paiez pour le fait de ladite despense.

Audit Noel Le Barge, la somme de deux mil six cens six livres

deux solz deux d. t, foible monnoye lors courant oudit pays de
Normendie, pour le rembourser de semblable somme qu'il a
baillée du sien, cest assavoir : mil treize livres huit deniers t.
pour la despense qui a esté faicte en la ville de Rouen par Robert
Boukeland, l'un des maistres d'ostel dudit conte de Warwyk et
plusieurs autres gentilz hommes et serviteurs d'icelui conte et par
lui envoiez par Calaiz audit lieu de Rouen, depuis leur entrée
en ladite ville de Rouen jusques au xxix° jour dudit mois de may
mil cccc lxvii., en ce comprins aucunes provisions qui avoient
esté faictes par ledit maistre d'ostel pour la venue d'icelui conte
de Warwyk son maistre. Item, unze cens livres t., pour autre
despense faicte par ledit conte de Warwyk et autres, anglois
estans en sa compagnie depuis qu'ilz furent descenduz à
Honnefleu jusques à leur venue à la Boulle près Rouen. Item,
trois cens vingt cinq livres six sols six deniers t. pour autre
despence faicte par les dessusdiz audit lieu de la Boulle, durant
le temps qu'ilz y ont esté. Item, et huit vings sept livres quinze
sols t. pour autre despence faicte à Caudebec par aucuns des gens
de la compaignie dudit conte de Warwyk, qui ont prins leur
chemin par ledit lieu de Caudebec pour venir à Rouen, de
laquelle somme de ij™ vj° vj l. ij. s. ij. d. t. le Roy notre dit Sr
a fait veoir et visiter les parties par aucuns de ses maistres d'ostel
et autres à ce de par lui ordonnez, et n'a voulu ne veult que ledit
receveur général soit tenu d'en rapporter sur ses comptes autre
déclaration, quictances ou certifficacion que ce présent roole
seulement, pour ce . . . . ij™ vj° vj l. ij s ij d. t.

A luy, la somme de trois mil six cens soixante dix neuf livres
seize solz ung denier tournois dicte monnoye, que pareillement
le Roy notre dit Sr lui a ordonnée pour le rembourser de
semblable somme qu'il a paié du sien, c'est assavoir : quatorze
cens soixante dix neuf livres cinq deniers tournois pour autre
despence faicte par le dit conte de Warwyk, sesdis gens et
autres de sa compaignie et ambaxade, depuis le xvj° jour dudit
mois de juing qu'il parti de Rouen pour s'en retourner en Angleterre, tant à la Boulle, Caudebec, Quillebeuf que Honnefleu où
il séjourna jusques au xxiij° jour d'icelui mois qu'il entra en mer,
ainsi qu'il est apparu par les singulères parties d'icelle despence

venes et visitées chascun jour et signées par Guion de Broc, S^r de
Bas, maistre d'ostel du Roy nostre dit S^r et maistre Laurens
Girard son secretaire et contrerolleur général de ses finances, et
deux mil deux cens livres quinze solz huit d., pour autre despence
faicte pour l'advitaillement des navires, et paiée du commandement
du Roy notre dit S^r par le dit Noel Le Barge, tant de ceulx dudit
conte de Warwyk que de ceux ordonnez par le Roy notre dit S^r,
pour le passaige et repassaige de *Monsr l'arcevesque de Nerbonne,
Monsr l'admiral, maistre Jehan de Popincourt*, et autres que le
dit S^r envoya en embaxade oudit pays d'Angleterre en la compagnie dudit conte de Warwyk, en ce comprins le paiement desd.
navires, mariniers et de certain nombre de francs archiers mis en
iceulx navires, pour la conduicte et seurté d'iceulx ambaxadeurs,
ainsi qu'il est apparu par les parties signées et certiffiées par
Messeigneurs des finances dudit S^r, c'est assavoir : maistre
Guillaume Picart, maistre Jehan Hébert, delaquelle somme de
III^m VI^c LXXIX l. XVI. s. I. d. t., le Roy notre dit S^r a fait deuement
veoir et visiter les parties par aucuns de ses maitres d'ostel et
autres dès lors et depuis à ce par lui commis et depputez, et
d'icelles lui est deuement apparu tant par certiffications d'aucuns
généraulx de ses finances que de ses dis maistres d'ostel,
quictance des parties et autrement, et d'icelles s'est tenu pour
contant, et n'a voulu ne veult icelui S^r autre déclaracion en estre
faicte, ne que ledit receveur général en soit tenu rapporter sur
ses comptes autre acquict, quittance ou certiffication, fors seule-
ment ce présent roole, pour ce, cy   III^m VI^c LXXIX l. XVI. s. I d.

A luy, la somme de trois cens quatre vings trois livres huit solz
quatre deniers t., dicte monnoie, pour pareillement le rembourser
de semblable somme qu'il a baillée du sien, c'est assavoir
IIII^{xx} XI. l. XIII. s. IIII. d. t. pour certaines réparacions faictes
par Jehan le Févre, de l'ordonnance du Roy notre dit S^r, en l'ostel
des Jacobins de ladite ville, où ledit conte estoit logié, et
II^c IIII^{xx} XI. l. XV. s. t. pour autres réparacions que le dit Noel
le Barge a aussi fait faire par l'ordonnance que dessus, tant en
la maison maistre Robert Byote où le Roy notre dit S^r a esté
logié en lad. ville que au logeis mons^r de Dunoy, et pour deux
galeries traversans lesd. maisons et la porte S. Eloy, comme pour

les galleries et murailles qui ont esté faictes du logeis dudit S^r jusques au Palays, pour ce. . . ш^c ш^{xx} ш. l. vm. s. mi d. t.

Deniers paiez par l'ordonnance du Roy.

A Nicollas Pellevillain, maistre de la monnoye de Rouen, la somme de cinq cens deux livres huit solz ung denier ob., monnoie de Normendie, à lui ordonnez par le dit S^r, pour douze tasses et ung drageouer d'argent pesant quarante quatre marcs cinq onces dix esterlins, que ledit S^r a fait prendre et acheter de luy ladicte somme, pour donner à Jacques Haye, maistre d'ostel dudit conte de Warwyk, pour ce, la dite somme de v^c ii l. vm. s. i. d. ob.

Audit Noel Le Barge, la somme de deux mil neuf livres treize sols neuf deniers t. pour la façon et déchet d'une couppe d'or que le Roy notre dit S^r avoit fait faire à sa plaisance en la l. ville de Rouen, la somme de deux mil neuf cens livres treize sols neuf deniers t., monnoye dudit pays de Normendie, laquelle couppe a esté baillée et livrée audit S^r qui l'a retenue, et s'en est tenu pour content, et n'a voulu ne veult que icelui receveur général en soit tenu rapporter sur ses comptes quictance, certificacion ne autre acquit, fors seulement ce présent roole pour ce . . . . ii^m ix l. xiii s. ix d.

A Guillaume Restout, changeur, demourant audit lieu de Rouen, la somme de huit vings neuf livres deux solz t., monnoye oudit pays de Normendie, pour six tasses d'argent pesant xv. mars cinq esterlins, que le dit S^r a fait prandre et acheter de lui audit pris de xi. l. v. s. t. pour chascun marc, pour donner à Adam Hemory, serviteur de messire Guillaume du Herbert, chevalier d'Angleterre, en faveur de ce qu'il luy avoit amené dudit pays sept lévriers que ledit sieur du Herbert lui envoyoit pour ce . . . . viii^{xx} ix. l. ii s. t.

Audit Guillaume Restout, la somme de quinze cens soixante neuf livres douze solz tournois, dicte monnoye de Normendie, pour six vings quinze marcs trois onces quinze esterlins d'argent ouvré en plusieurs sortes et espèces de vaisselle tant dorée que blanche que le dit S^r a fait prendre et acheter de lui le pris dessus dit, pour la donner à aucuns chevaliers et autres du royaume

d'Angleterre, qui estoient venuz devers luy en la dicte ville de
Rouen, en la compaignie dudit comte de Warwyk, et ce, oultre
le nombre de Lxxvii. marcs cinq onces d'argent, que ledit Sʳ a
semblablement fait prendre et acheter de Guillaume Le Tavernier,
orfévre dudit Rouen, pour donner pareillement ausdiz Anglois,
pour ce lad. somme de . . . . xvᶜ Lxix l. xii s. t.

A lui, la somme de six vings dix neuf livres cinq solz t., monnaie
dudit pays, pour douze marcs dix sept esterlins d'argent blanc
ouvré en douze tasses et deux saliéres que le dit Sʳ a fait prendre
et acheter de lui le pris dessusdit, pour les bailler à deux Anglois
ausquelz il en a fait don, et ce, oultre les autres parties de
vaisselle que ledit Sʳ a fait acliater dudit Restout pour donner a
autres Anglois, pour ce.. . . . . viˣˣ xix l. v. s. t.

A Guillaume Le Tavernier, orfévre, demourant audit Rouen,
la somme de huit cens quatre vings livres quinze solz t., monnoye
dudit pays de Normendie, pour soixante dix sept marcs cinq onces
d'argent ouvré en plusieurs sortes de vaisselle tant dorée que
blanche, que ledit Sʳ a fait prendre et acheter de lui le pris dessus
dit pour la donner à aucuns chevaliers et autres dudit royaume
d'Angleterre venuz devers luy en lad. compagnie d'icelui conte
de Warwyk, et ce, oultre le nombre de viˣˣ quinze marcs trois
onces quinze esterlins, que ledit Sʳ a fait prendre en une autre
partie dudit Guill. Restout, cy dessus nommé, pour donner
pareillement ausd. Anglois pour ce. . viiiᶜ iiiiˣˣ vi. l. xv. s. t.

Aux archiers et trompecte dudit conte de Warwyk la somme
de deux cens trente quatre livres sept sols six deniers t.,
monnoye dudit Normendie (sic), pour cent cinquante escuz
que le dit Sʳ a donnez et fait bailler et délivrer comptant, c'est
assavoir ausd. archers cent escus, et ausd. trompectes cinquante
escus, pour ce lad. somme de . . . . iiᶜ xxx iiii. l. vii s. vi d.

A Warwyk le hérault la somme de sept vings seize livres
cinq s. t., pour cent escus d'or que le Roy notre dit Sʳ lui a
donnez en faveur de ce qu'il estoit venu devers lui de par ledit
conte de Warwyk, son maistre, pour ce . viiˣˣ xvi. l. v. s. t.

Au maistre palefrenier et paiges dudit conte de Warwyk, et à

deux autres de ses serviteurs, la somme de sept vings seize
livres cinq solz t., monnaie dessus dite, pour cent escuz, que ledit
Sr leur a donnez et fait bailler et délivrer comptant, c'est assavoir audit palefrenier et pages cinquante escuz en faveur de
ce qu'ilz ont présenté au Roy notre di Sr de par leurdit maistre
deux haquenées d'Angleterre, et ausdis deux autres serviteurs dudit conte autres cinquante escuz, c'est assavoir à
l'un trente escuz pour six lévriers, et a l'autre vingt escus
pour ung petit chien de treict qu'ilz ont pareillement présenté
au Roy notre dit Sr de par leurd. maistre, pour ce lad. somme
de. . . . . VIIxx XVI. l. v. s. t.

A l'évesque de Habredin, du royaume d'Escosse, la somme
de trois cens douze livres dix solz t., foible monnoye, pour
IIe escuz d'or que le Roy notre dit Sr lui a donnez pour luy
ayder à supporter la despence qui lui a convenu faire où voyage
qu'il a fait par devers luy dudit royaume d'Escosse en lad. ville
de Rouen, pour ce lad. somme de . . . . . IIIe XII. l. x. s. t.

A Jehan Hannequin, palefrenier dudit conte de Warwyk, la
somme de trente une livres cinq solz t., mounaie dudit pays de
Nle, pour xx escuz d'or que le Roy notre dit Sr lui a donnez, en
faveur de ce qu'il lui a presenté deux chavaulx de par son dit
maistre, pour ce . . . . xxxi. l. v. s. t.

Aux deux huissiers de monsr le conte de Warwyk la somme de
sept vings seize livres cinq solz, foible monnoie, en cent escuz d'or
que le Roy notre dit Sr leur a fait délivrer et paier comptant par
le dit recveur général, en sa présence, pour ce VIIxx XVI. l.v.s.t.

A Thomas Boudin, Anglois, la somme de six vings cinq livres t.,
que le Roy notre dit Sr lui a ordonnez pour le récompenser d'un
prisonnier françois qu'il avoit nommé Rogier Touzé, lequel s'estoit
eschappé et mis en franchise à N. D. de Dieppe, pour ce VIxx v. l. t.

A Guillon des Ferrières, escuier, la somme de trois cens quatre
vings dix livres douze sols six deniers t., pour IIe livres, escus d'or
que le Roy notre dit Sr lui a ordonnez pour deux chevaulx,
l'un grison et l'autre boyart, qu'il a fait prandre et acheter de lui,
pour donner ausd. Anglois, pour ce IIIe IIIIxx x. l. xII. s. vI. d. t.

A Monsr l'arcevesque de Nerbonne, la somme de cent cinquante livres t., pour ung cheval fauveau que ledit S^r a fait prendre et acheter de lui le dis pris, pour ce. . . . . c. l. t.

A Bertrand de la Jaille, escuier, la somme de cent neuf livres sept solz six d. t. en soixante dix escus d'or, pour ung cheval grison que ledit S^r a fait prendre et acheter de luy ledit pris, pour ce. . . . . cix l. vii. s. vi. d.

A Jehan de Blanchefort, escuier la somme de deux cens dix huit livres quinze sols t. pour sept vings escus d'or que ledit S^r lui a semblablement ordonnez pour ung cheval de poil noir qu'il a pareillement fait acheter de lui, pour ce. . ii^c xviii. l. xv. s. t.

A maistre Guillaume Picart, conseiller du Roy notre sire et général sur le fait de ses finances, la somme de cent cinq livres t., foible monnoye, pour ung cheval de poil brun bay que ledit S^r a fait prendre et acheter de lui pour le dit pris, pour ce . . . . cv. l. t.

A Jacques Tourté, la somme de cent cinquante livres t. a lui semblablement ordonnez par le Roy notre dit S^r pour ung autre cheval de poil brun bay que aussi le dit S^r a fait acheter de lui ledit pris, pour ce. . . . . cl. l. t.

A maistre Jehan de Popincourt, conseiller du Roy notre Sire, la somme de soixante dix huit livres deux solz dix deniers t. en cinquante escus d'or pour la moitié de cent escus d'or que le Roy notre dit S^r lui a ordonnez, pour lui aider à supporter la despence qu'il feroit ou voyage, où le Roy notre Sire l'envoyoit oudit pays d'Angleterre, et desquelz cent escuz ledit S^r lui avoit fait paier par ledit receveur général cinquante, et les autres cinquante sur le faict de sa chambre, pour ce, cy. . . lxxviii. l. ii. s. vi. d. t.

A maistre Olivier le Roux, notaire et secrétaire du Roy notre Sire la somme de xxxiiii. l. vii s. vi. d. t, foible monnoye, pour xxii. escuz d'or que le Roy notre dit S^r lui a ordonnez pour le restituer de semblable somme qu'il avoit baillée pour ung navire que Mons. l'admiral et luy avoient envoyé, par l'ordonnance dudit S^r et pour ses affaires, de Honnefleu en Angleterre, pour ce ladite somme de. . . . . xxxiiii. l. vii. s. vi. d. t.

4

A Messire Guillaume de Meny-Peny, chevalier, Sr de Concressault, la somme de sept cens quatre vings une livre cinq solz t., monnoye de Normendie, pour cinq cens escus d'or que le Roy notre dit S^r lui a ordonnez, tant pour ung voyage qu'il a fait par son ordonnance ou royaume d'Angleterre en la compagnie de Monsr l'admiral de France et de là en Escosse, comme aussi pour le recompenser de trois ou quatre chevaulx et haquenées d'Angleterre, que le dit S^r a fait par cy-devant prendre de luy, pour ce, cy. . . . . viie iiii^{xx} i. l. v. s. t.

Somme toute des parties contenues en ce présent roole quinze mil cent trente cinq livres neuf solz unze den. ob. t. monnaie de Normandie. *Bona.*

Nous, Loys par la grâce de Dieu Roy de France, certiffions à noz amez et féaulx gens de noz comptes et autres qu'il appartiendra que és mois de May et Juing mil iiii^c soixante sept, nous commandâmes et ordonnasmes à notre amé et féal conseiller et maistre d'ostel Noel le Barge, lors receveur général de noz finances en noz pais et duchié de Normendie paier, bailler et délivrer des deniers de sa recepte d'icelle année, la somme de quinze mil cent trente cinq livres neuf solz unze deniers maille t., monnaie. dudit pays de Normendie, aux personnes, pour les causes et, ainsi que contenu et declairé est en ce présent roole. En tesmong de ce, nous l'avons signé de notre main. Au Plessis du Parc, le xe jour d'octobre l'an mil cccc quatre vings.

Signé Loys (1).

VIII.

Vœu de Louis XI a Notre-Dame de Rouen, en 1475.

Extrait des registres de la Cathédrale de Rouen. — 5. avril 1475. Guillaume Gyel, chevaucheur d'escuyrie, remet aux chanoines la lettre suivante :

___

(1) *Bibl. imp.*, Fontanieu, titres originaux, portefeuille 140.

« Chiers et bien amez, pour la singulière dévocion que nous
avons à la benoiste glorieuse Vierge Marie, Mère de Dieu notre
créateur, à ce que par sa grâce elle nous soit secourable en tous
les fais et affaires de nous et de notre royaulme, nous avons
voué la somme de xii^c escus d'or pour icelle estre employée en
rente pour la fundacion de vostre eglise, laquelle somme de
xii^c escus nous vous envoyons présentement pour vous bailler
par ce porteur. Si vous prions que, ensuivant notre veu et volonte
vous employez icelle somme de xii^c escus en rente pour
l'augmentacion de la fundacion de la dicte église, en nous ayant
tousjours nous et notre filz le Daulphin en vos bonnes prières
envers Dieu et la dicte Dame pour recommandez. Donné à Paris,
le premier jour d'avril, *sic signatum :* Loys Tilhart, *et in
subscriptione erant ista verba :* « A nos Chiers et bien amez les
doyen et chapitre de l'église Notre Dame de Rouen. »

IX.

Louis XI à Rouen, en May et Juin 1475.

Extrait des registres de la Cathédrale de Rouen. — Penultième
jour de may 1475. « Eâ die, de sero, chistianissimus princeps
Dominus noster Rex, de sero, circà viii^{am} horam, applicuit
Rothomagum et visitavit ecclesiam, ubi fuit per dominos de capitulo honorance receptus. »

Mardi 13. Juin 1475. « Eâ die, ob reverentiam et devocionem
Domini nostri Regis ad Beatissimum Anianum, confessorem, cujus
festivitas cras pluribus in locis celebratur, et ad ipsius Domini
nostri Regis instantiam, qui festivitatem ipsam in hac ecclesiâ
celebrari et illi interesse desiderat, conclusum hodie vesperas,
cras matutinas et missam de hujusmodi Sancto festive, more parvi
triplicis, cum aperturâ tabule chori celebrari, Domino Cancellario
magistro R. Le Goupil ad pulsacionis, luminaris et aliorum, que
pro ipsius festivitatis celebratione conveniunt, directionem de-
putato. »

Extrait du *Précis* de l'Académie Impériale des Sciences, Belles-Lettres et Arts de Rouen, année 1856 1857.

Rouen. — Imp. de A. Péron.

www.ingramcontent.com/pod-product-compliance
Lightning Source LLC
LaVergne TN
LVHW022037080426
835513LV00009B/1109